中国战区受降始末

胡菊蓉 著

南京出版传媒集团
南京出版社

图书在版编目（CIP）数据

中国战区受降始末 / 胡菊蓉著. -- 南京 : 南京出版社,
2016.8

ISBN 978-7-5533-1265-1

Ⅰ. ①中…　Ⅱ. ①胡…　Ⅲ. ①日本投降（1945）—史
料　Ⅳ. ①K265.706

中国版本图书馆CIP数据核字（2016）第052458号

书　　名：中国战区受降始末
作　　者：胡菊蓉
出版发行：南京出版传媒集团
南　京　出　版　社

社址：南京市太平门街53号　　邮编：210016
网址：http://www.njcbs.cn　　电子信箱：njcbs1988@163.com
天猫1店：https://njcbcmjtts.tmall.com/　　天猫2店：https://nanjingchubanshets.tmall.com/
联系电话：025-83283893、83283864（营销）　025-83112257（编务）

出 版 人：朱同芳
出 品 人：卢海鸣
责任编辑：徐　智
装帧设计：石　慧
责任印制：杨福彬

排　　版：南京新华丰制版有限公司
印　　刷：南京工大印务有限公司
开　　本：787 毫米 ×1092 毫米 1/16
印　　张：13
字　　数：218 千
版　　次：2016 年 8 月第 1 版
印　　次：2017 年 8 月第 2 次印刷
书　　号：ISBN 978-7-5533-1265-1
定　　价：38.00 元

天猫1店　　天猫2店

用松柏树枝装饰一新的中国陆军总司令部大门

大门内门楼墙壁上覆盖着苍松翠柏

中国战区日本投降签字仪式会场外景

日本投降代表席

中国战区日本投降签字会场用钟

日本投降签字仪式会场

小林浅三郎向何应钦呈递降书

中国代表何应钦（中）等人完成受降仪式后，神情愉悦地走出会场

日本代表黯然退出受降会场

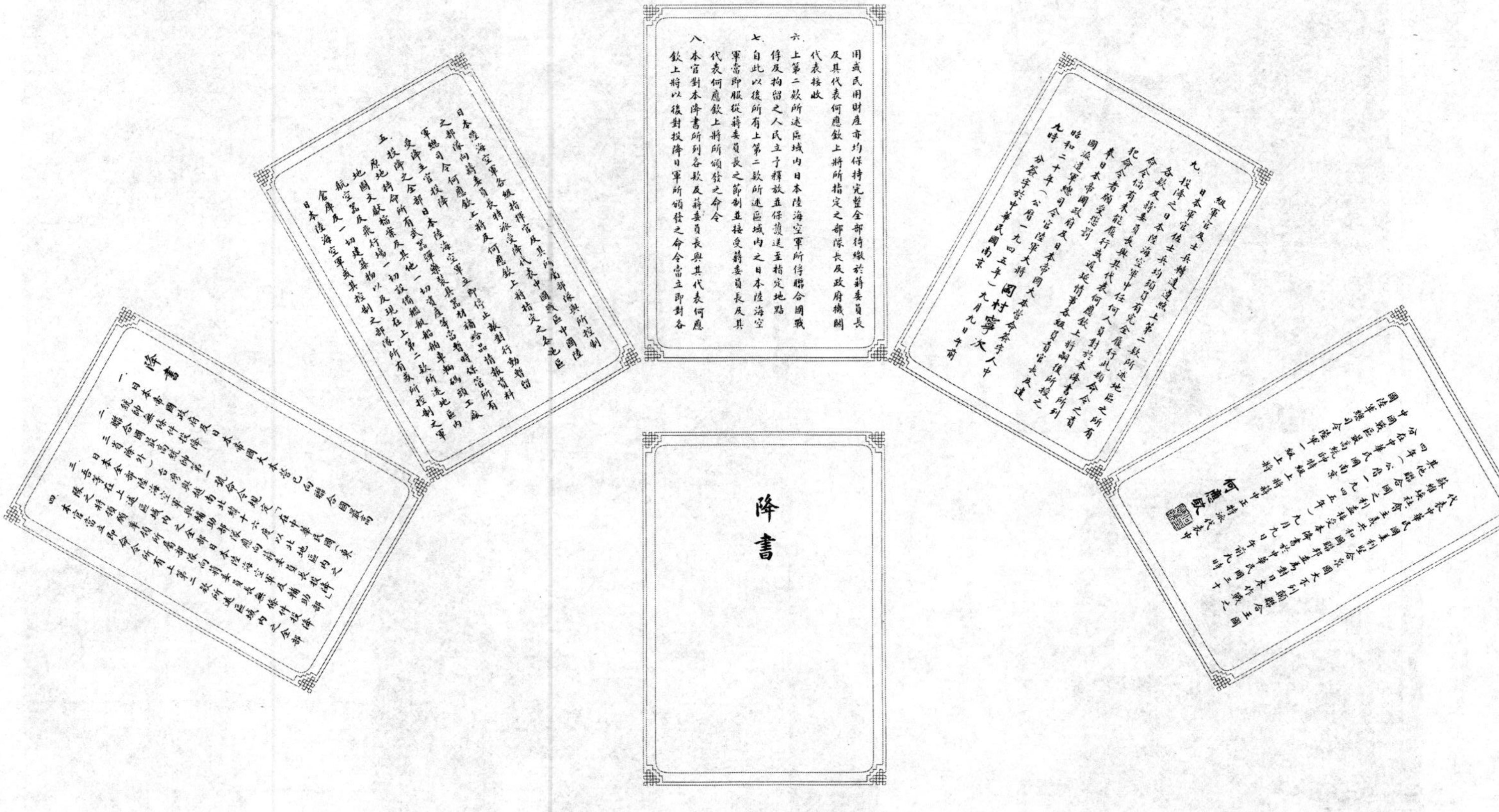

日本政府向中国投降降书

前　言

1931年9月18日，日本帝国主义发动对中国的侵略战争，东北大片国土沦陷。

1937年7月7日，日本帝国主义又发动了对中国全面侵略的卢沟桥事变，妄想“三个月亡华”。以军国主义分子杉山元为代表的扩大派猖狂叫嚣：只要日本“国内动员的声势，或者满载兵员的列车一通过山海关，中国方面就会屈服”[①]，“充其量不过是进行一次保定会战，就万事大吉了”[②]。

侵略者的倒行逆施，激发了中国各族人民团结抗敌御侮的决心。地不分南北，人不分老幼，中国人民与日军展开了长期而又空前的大血战，从而粉碎了日军速战速决的狂妄野心，把百余万侵华日军钉在中国战场上，为战胜德、意、日法西斯，夺取第二次世界大战的最后胜利做出了巨大贡献。

对于第二次世界大战期间的东方战场，特别是中国战场若干问题，需要进行深入的研究与探讨。为了总结历史经验教训，笔者本着实事求是的精神和科学的态度完成了《中国战区受降始末》一书。书中着重反映了下述几个方面的问题：

1. 中国是抗击东方法西斯——日本军国主义的中流砥柱。从抗日的时间上看，自1931年日本入侵中国东北到1945年抗日战争胜利，长达14年；从中国战区受降的区域上看，整个中国国土都成了抗日的战场。

2. 日本侵略者一方面侵占中国领土，屠杀中国人民，强占中国铁路、工厂、矿山，掠夺中国物资；另一方面组织傀儡政权，为其效忠卖命。

①② （日）堀场一雄：《中国事变战争指导史》，时事通信社 1962 年版，第 85 页。

3. 国际反法西斯同盟成立之后，中国政府迅即参加了该组织，随后又参加了开罗会议、波茨坦会议，签署了《开罗宣言》《波茨坦公告》，为迫使东、西方法西斯无条件投降做出了自己的贡献。同时，中国政府根据《开罗宣言》《波茨坦公告》的精神和条款，制定了中国战区日军投降的各项具体计划和措施。

4. 尽管日本侵略者在中国犯下了滔天罪行，但是一旦他们放下屠刀，无条件投降，中国人民便从人道主义出发，根据国际法规定，遣送中国战区内约200万的日俘、日侨返回日本。

5. 中国共产党始终以国家民族利益为重，高举团结抗日的爱国主义旗帜。他们所领导的人民武装力量，在敌后战场发挥重要作用，极大地牵制了日军在正面战场的战斗力，为抗日战争的胜利做出巨大贡献。

6. 今年是中国人民抗日战争暨世界反法西斯战争胜利71周年，中华民族全面抗战爆发79周年，也是日本军国主义入侵中国东北85周年。重温历史，才能让人们更加珍视世界和平，永远不让历史悲剧重演！

目　录

十　对伪政权的处置

十一　国民党排挤中国共产党参加受降活动

一

日本帝国主义无条件投降

日本投降前夕的中国战场

1941 年 12 月 7 日，日本帝国主义偷袭珍珠港，太平洋战争爆发了。1942 年至 1943 年，苏、美、英等同盟国在对德、意、日法西斯一系列的作战中，取得了斯大林格勒战役、库尔斯克会战和北非战场的胜利，掌握了太平洋战场上的战略主动权。世界反法西斯战争发生了根本性的转折，同盟国在各个战场相继转入战略进攻和反攻。

1943 年春,同盟国的军队（以下简称盟军）在太平洋战场开始转入全面反攻。同年底，盟军占领了西南太平洋所罗门群岛的大部分和新几内亚东部地区。美国海军在中太平洋攻下吉尔伯特群岛，1944 年初占领了马绍尔群岛。

面对盟军日益猛烈的越岛进攻和中国解放区战场连续的胜利出击，日本军国主义者预感到，在太平洋强占的阵地不久将全部丧失，海上交通也更难维持。为了解脱困境，日本帝国主义决定把作战重点放在打通中国大陆的平汉、粤汉和湘桂铁路交通线，以加强日本本土同中国、印度支那及南洋三地区的联系，作最后的垂死挣扎。日本侵略者将这一行动定名为“一号作战”。

这次，日军对中国正面战场的军事行动，就作战地域言：从黄河到信阳约有 400 公里，从岳阳到越南谅山约 1400 公里，从衡阳到广州为 600 公里。就作战兵力言，共动用 50 万日军、10 万匹战马、1 万多辆汽车、1500 门大炮和 350 架飞机。

1943年3月，中日军队在河南激战，日军结集10余万兵力强渡黄河，突破中国守军防线。4月19日，日军攻陷郑州，29日许昌沦陷。5月9日确山失陷，5月25日洛阳失守。仅38天的时间，日军就完成了“一号作战”第1阶段的任务。

从5月29日开始，日军又分3路进攻湖南长沙。中国守军司令官薛岳向蒋介石建议在长沙与日军进行决战，并拟定了作战计划。薛还要求蒋介石将第3战区第26军等调往湖南参战，但蒋介石不同意，结果长沙于6月19日沦陷。接着日军水陆兼程，急取衡阳，衡阳中国守军事先已构筑好防御公事，准备日军来犯。6月26日，日军开始攻打衡阳，遭到中国军队的顽强抵抗，日军第68师团长和参谋长被击伤，攻击暂止。7月11日，日军第2次进攻衡阳，又被中国军队击退。7月29日，日军4个师团在空军的掩护下，第3次进攻衡阳。当时正逢酷暑，中国军队既无援兵，又被切断了供给线，伤亡惨重。孤军苦战42天后，8月8日衡阳沦陷。

日军占领衡阳后，进行了休整改编，建立了侵华第6方面军，冈村宁次兼任总司令。10月27日，日军向桂林、柳州进攻，中国守军张发奎部败退。11月10日，日军攻占桂林、柳州，12月2日攻陷贵州独山。12月初，日军分两路由广州和越南向南宁进发，并于12月10日在绥渌与南宁南下的日军会合。至此，日军打通了横贯中国大陆的交通线。

正面战场的节节失败，对中国政府是一个很大的震动，蒋介石匆忙命令从缅甸等地调派军队加强中国西南的防守，并与日军争夺贵州独山。12月8日收复独山，使当时的中国西南大后方转危为安。

1944年3月至12月，日军击溃了约60万中国军队，强占了100余座大小城镇、7个空军基地和36个机场，这是中国正面战场自七七事变以来的第2次严重的失败。中国正面战场当时号称600万大军，为什么挡不住几十万日军的进攻呢？主要原因与蒋介石依赖盟军、保持实力、轻敌麻痹和企图以消极反攻取胜的战略思想有关。比如衡阳战役，中国军队拖住日军达一月有余，为中国战区统帅部调兵遣将，部署保卫桂林、解衡阳之围提供了足够的时间，然而他们未能抓住战机，导致损兵折将、失地千里的惨败局面。

9月，中国远征军和驻在印度的军队，为配合盟军作战，迅速打通中印公路，发动了滇西、缅北的战役。经过中国军队一番苦战，1945年1月27日，滇西、缅北两路抗日军队于芒西会师。至此，中印公路完全打通，基本上完成了美国为中国军队装备 36 个师的计划。

12 月，为便于联系盟军对付日军转移攻势，中国战区在昆明成立中国陆军总司令部，总司令由何应钦兼任，负责西南各战区诸部队统一指挥及整训，辖有远征军卫立煌部，黔桂湘边区汤恩伯部，第 4 战区张发奎部，滇越边区卢汉部以及杜聿明、李玉堂两个集团军，共 28 个军、86 个师。并将其所辖军队，分为 4 个方面军、昆明防守司令部、总部直辖部队等。而日军的战略方针是对华南、西南采取收缩政策，将华南、西南的兵力移到华中、华北集结，湘桂和粤汉铁路沿线的日军也实行战略收缩，准备进行“大陆决战”。为了防止中国军队的反攻，日军打击的目标是要摧毁豫西和湘西的中美空军基地。1945 年 3、4 月间，日军发动了豫西、鄂北战役和湘西战役。3 月 21 日，日军结集第 39、69、115、110、114 师团及骑兵第 4 旅团等部队，共计 7 万余人、战车百余辆和骑兵 2000 人，分 4 路向南阳、老河口、襄樊、西峡口进犯，中日军队互有胜负。4 月 9 日，日军分 3 路进犯湘西的安江、洪江、芷江。中国第 4 方面军王耀武部在武岗、新化进行抵抗，阻敌于雪峰山；第 10 集团军王敬之部阻敌于宁乡、益阳一带；第 3 方面军汤恩伯部攻敌侧背，并与空军配合，将日军分别包围。6 月 2 日，日军大部被歼，仅少数溃逃。湘西战役以日军失败而告终，标志着日军在华战役进攻的结束，也标志着中国正面战场中日两军会战的结束。

1945 年 4 月下旬，中国军队乘湘西会战的有利时机，抓住日军在广西之空虚，发动了桂柳反攻和追击战。中国军队第 2 方面军之一部于 4 月 27 日进行反攻，5 月 26 日收复邕宁，日军向柳州、龙州方面逃窜。6 月 7 日、8 日，又收复乐思、江明，6 月 19 日逼近柳州。第 3 方面军之一部于 5 月初向日军攻击，6 月 6 日、14 日两度收复宜山，并先后收复数城，接着兵分 3 路向桂林进攻，28 日收复桂林，29 日又收复柳州。至此，日军付出巨大代价打通的中国大陆交通线被拦腰折断了。

7 月，中国战区陆军总司令部制定了反攻广州的计划，其作战方针是：“以打通广州、海口之目的，先以有力部队攻略桂林，夺取雷州半岛，再分别攻击衡阳、曲江，并牵制越北之敌，以主力沿西江流域攻略广州。”①当时，日军在越南有 4 个师团及 2 个混成旅团，约 9 万人；雷州半岛有 1 个旅团及 1 个大队，约 8000 人；海南岛有 3 个警备队、2 个特务联队，约 2 万人；广州及外围地区有 3 个师团、

---

① 国民政府国防部史政局及战史编纂委员会档案，中国第二历史档案馆藏。

4 个旅团及 1 个香港防卫队，约 9 万人；曲江、赣州地区有 1 个师团，约 1.3 万人；衡阳及附近地区有 2 个师团、1 个旅团，约 1.7 万人；汉口及外围地区有 1 个师团、5 个旅团及 2 个野战补充队，约 5 万人。7 月 3 日，中国军队开始攻击雷州半岛，要求于 8 月 15 日以前占领广州湾（今湛江市），打通海口，以便盟军登陆及物资接济。中国军队以第 46 军为主力进攻雷州湾，新 1 军为第 2 线随时增援雷州湾等等。然而这一反攻计划还未能实施，日本政府就宣布无条件投降了。

同盟国促令日本无条件投降

1941 年 8 月 14 日，美国总统罗斯福和英国首相丘吉尔发表了《大西洋宪章》，其要点是：（1）尊重各民族自由决定其所赖以生存之政府形式之权利，各民族中此项权利有横遭剥夺者，两国俱欲使其恢复原有之主权与自主政府。（2）力使世界各国不论大小，无论胜利或溃败，对于贸易及原料之取得，俱享受平等待遇。两国对各国现有之组织，亦当尊重。（3）两国相信全球各国，无论为实际原因，或精神上之原因，必须放弃使用武力，侵略国家之军备，必须解除。这是第二次世界大战中同盟国较早向侵略者提出警告：放弃使用武力，解除军备。

1943 年，盟军在太平洋战场取得了一个又一个战役的胜利，日军处于处处被动挨打的局面。这时候，同盟国有必要举行一些国际性会议来讨论击败和处置日本问题。8 月，美、英魁北克会议决定了在德国投降以后的 12 个月内必须击败日本，美、英参谋团联合会议计划处制定了具体作战方案。10 月 30 日，斯大林曾向美国国务卿赫尔表示：苏联在盟军击败德国后参加对日作战。10 月下旬，罗斯福致电蒋介石，希望在开罗与他会晤。11 月上旬，蒋复电罗斯福，接受邀请。蒋还为开罗会议准备了一个共同宣言，主要内容是：（1）《大西洋宪章》适用于全世界各国各民族；（2）必须获得此次战争的最后胜利；（3）东北与台湾必须归还中国；（4）朝鲜独立；（5）建立战后有力的国际和平机构；（6）成立太平洋对日作战联合参谋部，分设于重庆与华盛顿；（7）中美战时金融互助与战后经济合作。同时，国民政府又准备了开罗会议中的重要提案：甲、军事战略：反攻缅甸，海陆空以曼德勒为目标同时出动。乙、远东政治：东北与台湾、澎湖应归还中国，战后朝鲜独立，保证泰国独立及中南半岛各国与华侨的地位。丙、国际与远东军事机构：组织中、美、英三国联合参谋团，并成立中、美、英、苏四国军事技术委员会，以研究国际武力组织。丁、日本投降后处置问题：日本在华（自九一八事变以来）所有的公私产业应完全由中国政府接收，作为赔偿损失的一部分。战争停止后，日本应以大部分残存的军舰、商船与飞机移交中国。戊、中美经济合作:将全部美国贷款划入中央银行，由中国自由使用。己、美国租借物资与武器:要求美国供给30个师用的武器,补充中国空军。11月18日,蒋介石一行20人(包括宋美龄、王宠惠、商震、林蔚、周至柔、董显光、朱世明等）离开重庆赴开罗，21日抵开罗。罗斯福、丘吉尔亦相继到达开罗。23日，开罗会议正式开幕。12月3日发表《开罗宣言》，原文如下：

> 三国军事方面人员关于今后对日作战计划，已获得一致意见。我三大盟国，决心以不松弛之压力，从海陆空各方面，加诸残暴之敌人，此项压力，已经在增长中。我三大盟国此次进行战争之目的，在于制止及惩罚日本之侵略，三国决不为自己图利，亦无拓展领土之意思，三国之宗旨，在剥夺日本自从一九一四年第一次世界大战开始后在太平洋所夺得或占领之一切岛屿，在使日本所窃取于中国领土，例如东北三省，台湾、澎湖群岛等，归还中华民国。其它日本以武力或贪欲所攫取之土地，亦务将日本驱逐出境。我三大盟国稔知朝鲜人民所受之奴役待遇，决定在相当时期，使朝鲜自由独立。根据以上所认定之目标，并与其他对日作战之联合国目标一致，我三大盟国，将坚忍进行其重大而长期之战争，以获得日本之无条件投降。①

这是同盟国第一次促令日本政府投降的文件。

1945年6月,中国政府为了加强与苏联的关系,派宋子文访问苏联。6月27日，宋子文偕同胡世泽、沈鸿烈、朱光沐、蒋经国等到达莫斯科，与斯大林进行了6次会谈。7月15日，因斯大林要赴波茨坦参加美、英、苏三国首脑会议，故中、苏谈判中断。但这次会谈,为促成苏联对日作战及以后订立《中苏友好同盟条约》起了积极作用。不久，宋子文等再度访苏，并取得圆满结果。

---

① 国民政府国防部史政局及战史编纂委员会档案，中国第二历史档案馆藏。

7月17日，苏、美、英三国首脑斯大林、杜鲁门、丘吉尔在德国的波茨坦开会。25日，英国公布大选结果，工党获胜，遂由首相阿特里、外相贝文接替丘吉尔、艾登，与杜鲁门、斯大林继续会谈。根据三国首脑的意见，由杜鲁门拟定对日通牒（即公告），并征得中国政府同意后，以美、英、中三国名义（后来苏联也在这个公告上签了字）对日宣布，再次促令日军无条件投降。公告原文如下：

（一）余等——美国总统、中华民国政府主席及英国首相，代表余等亿万国民，业经会商并同意对日本应予以一机会，以结束此次战争。（二）美国、英帝国及中华民国之庞大陆海空军部队，业已增强数倍，由西方调来之军队及空军，即将予日本以最后之打击。此项武力，受所有联合国之决心而支持及鼓舞，对日作战，不至其停止抵抗不止。（三）德国无效果及无意识抵抗全世界所有之自由人民力量所得之结果，彰彰在前，可为日本人民之殷鉴。此种力量，当其对付抵抗之纳粹时，不得不将德国人民全体之土地、工业及其生活方式摧毁殆尽。但现在集中对付日本之力量，则较之更为庞大，不可衡量。吾等之军力，加以吾人坚决意志为后盾，若予以全部实施，必将使日本军队完全毁灭无可逃避，而日本之本土，亦必终归全部摧毁。（四）现时业已到来，日本必须决定是否仍将继续受其一意孤行计算错误，使日本帝国已陷于完全毁灭之境之军人所统制，抑或走向理智之路。（五）以下为吾人之条件，吾人决不更改，亦无其他另一方式，犹豫迁延，更为吾人所不容许。（六）欺骗及错误领导日本人民，使其妄欲征服世界者之威权及势力，必须永久铲除。盖吾人坚持非将负责之穷兵黩武主义驱出世界，则和平安全及正义新秩序，势不可能。（七）新秩序成立时，及直至日本制造战争之力量业已毁灭有确实可信之证据时，日本领土，经盟国之指定，必须占领，俾吾人在此陈述之基本目的，得以完成。（八）《开罗宣言》之条件，必将实施，而日本之主权，必将限于本州、北海道、九州、四国，及吾人所决定其他小岛之内。（九）日本军队，在完全解除武装以后，将被允许返其家乡，得有和平及生产、生活之机会。（十）吾人无意奴役日本民族，或消灭其国家。但对于战罪人犯，包括虐待吾人俘虏在内，将处以法律之裁判。日本政府必须将阻止日本人民民主趋势之复兴，及增强之所有障碍，予以消除。言论、宗教、思想自由以及对于基本人权之重视，必须成立。（十一）

日本将被许维持其经济所必需及可以偿付货物赔款之工业，但可以使其重新武装作战之工业不在其内。为此目的，可准其获得原料，以别于统制原料。日本最后参加国际贸易关系，当可准许。（十二）上述目的达到，及依据日本人民自由表示之意志，成立一倾向和平及负责之政府后，同盟国占领军队当即撤退。（十三）吾人警告日本政府，立即宣布所有日本武装部队无条件投降。并对此种行动有意实行，予以适当之各项保证。除此一途，日本即将迅速完全毁灭。

公告的内容多数是军事性的，政治方面的决定是关于成立远东委员会的问题。委员会的任务有 3 条：（1）拟定促使日本投降的条款。（2）规划共同占领日本岛屿。（3）处理涉及中、美、苏、英的任何其他日本及远东问题。同时还决定了苏联出兵中国东北对日作战。

日本天皇决定投降

1945 年春，盟军相继攻克硫磺群岛和冲绳岛。冲绳岛的失去对日本朝野是一个很大震动，举国不安宁。该岛是日本的最后一道屏障，一旦被冲破，日本只得在本土负隅顽抗了。主战派一方面准备在本土同盟军作战，另一方面则有部分人寻找机会，谋求妥协。3 月间，日本大本营就制定了在本土决战的《“决”号作战准备纲要》，倾其残存的陆海军 200 余万人、飞机 5000 余架，并强迫男女国民（男性 15 岁至 60 岁，女性 17 岁至 40 岁）编入“国民义勇战斗队”参加战斗，为军国主义分子卖命。

大本营的总决战计划分 3 个阶段。第 1 阶段是撤离在华南、华中的日军，摧毁中国江南精华地带。具体步骤是:(1)放弃中国的华南。如果盟军从广州湾登陆，日军先毁掉广州，后退守衡阳，并在衡阳展开小规模会战。(2)放弃江浙。将南京、上海、杭州三角洲内一切建筑物全部夷平，同时在宁、沪、杭进行较大规模的会战，然后进入津浦铁路，扼守徐州。（3）放弃华中。衡阳会战的日军经长沙撤到武汉，彻底破坏武汉后，退守郑州。第 2 阶段是日军在本土及中国黄河以南实行战略防御。第3阶段为战略决战，即在日本本土、中国东北、朝鲜三处日军的毁灭：(1)全力保卫东京，以自杀战术阻抗盟军的进攻，如果东京一旦被盟军占领，日本立即向盟军无条件投降。(2)朝鲜与中国东北约100个师团的兵力，其中又以东北关东军为主，这些军队能固守东北与朝鲜。根据日本大本营的计划，日军与盟军的大决战是中国东北与朝鲜两地，日本军国主义决心顽抗到底，即使在华的日军全部被歼也不许一兵一卒投降。(3)如果中国东北和朝鲜两地被盟军占领，还把希望寄托在日本本土，除武装自卫外，在政治上利用同盟国家之间的矛盾，而使日本立足。这是日本法西斯牺牲别国和本国人民，保全自己的罪恶计划。

在日本军国主义营垒内部，一部分人则谋求妥协。早在小矶内阁时期，他们曾经希望苏联出面调解，但苏方未允诺。1945年4月7日铃木内阁成立后，转入公开寻求结束战争的途径，再次要求苏联“斡旋”和平。5月，广田在同苏联驻日大使马利克会谈中，要求苏联坚持中立，苏联没有同意。6月22日，日本召开总理大臣，陆、海、外务大臣，参谋总长，司令部总长等参加的战事最高指导会议，日本天皇在会上面谕务须考虑采取适当方法，来结束战争。会后，决定派遣特使赴苏联，请其斡旋与美、英和谈，但遭到苏联的拒绝。7月的波茨坦会议，日本继续制造求和的空气。7月21日，美国海军上校查贾瑞亚斯授权对日广播：如果日本不及时投降，即将遭受毁灭性的打击。对美国的警告，日本政府仍然讨价还价，说什么如果对无条件投降加以修改，日本军方即可停止作战。

《波茨坦公告》发表后不久，即7月27日，日本战事最高指导会议开会讨论，外相东乡茂德认为《波茨坦公告》的条件和以前提出的条件有所不同，应该接受，如果拒绝，是极不明智的。军部却坚持强硬态度，声称此公告不予考虑。同日下午，日本政府内阁举行全体会议，讨论采取何种方式向日本人民公布《波茨坦公告》。东乡仍旧坚持以公告作为和谈的条件，政府应做出决断，并向全国公布。厚生大臣冈田忠彦认为公告既已向全世界公布，日本人民迟早知道，政府应正式向日本人民公布。情报局长下村宏赞成冈田忠彦意见。陆军大臣阿南惟几提出政府公布公告的同时还必须发表措辞强烈的声明，对公告某些条款提出反对意见。最后日本内阁采取了折中的办法，只对《波茨坦公告》发表了一条简短的新闻。7月28日下午，日本首相铃木在官邸举行了一个小时的记者招待会，进一步表明日本政府的决战立场，大意是：

1. 对于盟军在日本周围的军事行动及盟军飞机的轰炸，日本国民不要惊慌失措，应该相信政府的军队，要坚守岗位，尽职尽责，等待有利时机的到来。

2. 中、美、英三国的《波茨坦公告》无异于《开罗宣言》，日本政府不予理睬。唯有遵循战争的既定方针，勇敢前进，别无其他选择。

3. 关于粮食问题，已收到预期效果。

4. 关于政治力量的增强，则运用战时紧急措施，将中央权限让予地方总监府及国民义勇队的活动。

大日本政治会议总裁南次郎在接见记者时也叫嚣：日本仅能与世界各国根据正义与平等获得和平生活的时候，才能够考虑和平谈判。同盟国家在《波茨坦公告》中所指出的和平条件，与日本人民所想象的公正和平条件恰恰相反。因此，日本除继续作战外，别无他途。他又说：同盟国家的领袖在此特殊条件下发表《波茨坦公告》的理由虽多，但目的显然是防止同盟国家人民的厌战情绪，在日本国内鼓动早日结束战争的愿望。南次郎还别有用心地说：现在同盟国家在经济和社会上都难继续进行战争，尽管盟军大军压境迫使日本屈服，但亦要付出牺牲亿万生命和物资的代价，也不管盟军飞机怎样对日本猛烈轰炸，世界舆论如何攻击日本，日本人民挽救国家灭亡的坚定决心是不会受影响的。铃木、南次郎等人的顽固立场，表明了日本政府坚决拒绝《波茨坦公告》的态度，从而引起了同盟国家的无比愤慨。7 月 28 日，美国海军部发言人查贾瑞亚斯发表对日本广播讲话，他说：美、英、中现在决心将日本军国主义完全消灭，日本军阀有必要将日军在各地被盟军歼灭的事实真相告诉日本人民。他还警告日本军国主义分子：日本如不自动投降，目前对日军的打击仅仅是全面打击的序幕，更恶劣的命运正等待着你们。8 月 6 日，美国陆军航空队向日本海军基地广岛投掷了第一颗原子弹，8 日，美国第二颗原子弹投掷于长崎。同日，美国广播电台再次对日本广播了一项重要声明：美国现在拥有威力无比的原子弹，这是最具有毁灭性的炸弹。一颗原子弹的能量，相当于 3000 架飞机一次出动所投炸弹的威力。如果日本天皇再不下令结束战争，后果自负，希望日本人民立即撤出城市，以免生灵涂炭。

8 月 8 日，苏联外交部长莫洛托夫正式接见了日本驻苏联大使佐藤，他对佐藤说：德国已无条件投降，只有日本仍在坚持战争。日本军国主义拒绝《波茨坦公告》，拒绝无条件投降，日本政府请苏联政府调解远东战争的要求，已失去根据。现在同盟国鉴于日本拒绝投降，邀请苏联政府参加对日本作战，以缩短战争期限，减少生命的牺牲，协助并迅速恢复全面和平。苏联政府为履行援助盟国的责任，决心接受盟国的建议，参加《波茨坦公告》的签字。苏联政府将于8月9日与日本处于战争状态。同一天，苏联外长莫洛托夫还接见了美国驻苏联大使哈里曼、英国大使卡尔、中国大使傅秉常，告诉他们苏联与日本于9日进入战争状态。三国大使表示热烈欢迎。

苏联对日宣战，中国政府和人民非常振奋，蒋介石致电斯大林，表示诚挚之佩慰。他感谢苏联政府和人民在中国抗日战争初期，给予中国人民精神和物质上的极大援助。中国政府也同时发表声明指出：日本侵略者是人类文明的公敌，中国对日本法西斯企图独霸东亚进而征服世界的阴谋与计划，早已洞悉无遗。声明还对来华助战的苏联军事顾问、技术人员以及空军志愿兵在中国抗战期间做出的贡献，给予高度的评价。并断言：由于苏联的参战，肯定会加快日本帝国主义投降的步伐。

苏联为了加强对日作战的领导，成立了陆、海、空军远东总部，任命华西列夫斯基元帅为总司令，制定了进攻路线、进攻目标以及切断日本关东军与关内、朝鲜日军联系的作战计划。8月9日凌晨，苏联以170余万远东军、2600余门火炮、5500余辆坦克、3800余架飞机，兵分3路，在1200里的战线上进攻中国东北的日本关东军。日本飞机怕被歼，闻讯纷纷逃往朝鲜或日本。苏联地面部队没有遇到日军的空袭，进展十分顺利。一周时间内，70余万日本关东军在苏军的沉重打击下，土崩瓦解。8月17日，日军向苏军提出停战请求。18日，日军向苏军投降，东北全境解放。

苏联对日本宣战后，日本朝野一片惊慌。外相东乡惊呼，苏联如此快地参战，是完全没有预料到的；总理大臣铃木哀叹，苏联参战，使我们最终陷入绝境，一切终于迫临矣！

8月9日上午，日本政府召开战争最高指导会议，讨论日本是否接受《波茨坦公告》无条件投降的问题。主持会议的铃木说：鉴于广岛被炸和苏联出兵，日本已无力继续作战，只有接受《波茨坦公告》一条路了。接着，会上长时间冷场。最后海相米内说：我们应该接受盟军的最后通牒，现在不是讲条件的时候。两派展开了激烈地争论，以铃木、东乡、米内为代表的主和派主张在保留天皇体制下接受《波茨坦公告》，无条件投降。以阿南、梅津美治郎（参谋总长）、丰田辅武（军令部长）为代表的主战派则提出了许多先决条件：（1）盟军不得在日本本土登陆；（2）由日本政府审判战犯；（3）在国外的日本军队不采取投降形式，而采用自动撤兵或复员处理；(4)保留天皇制。双方各抒己见，会议毫无结果。9日下午，内阁会议继续，会上两派仍旧争吵不休，直至晚8点许不欢而散。当时铃木将两种意见奏请天皇决断。晚11时30分，日本天皇在防空洞内召开御前会议，参加战争最高指导会议的成员以及内阁书记长官、枢密院议长出席了御前会议。会上，内阁书记长官迫水久常朗读了《波茨坦公告》全文，铃木介绍了战时最高指导会议两派争论的情况及其观点。铃木介绍后，两派又展开了激烈的舌战，特别是以参谋总长为代表的主战派认为"以日本之战力而作战，固不能期其必胜，然未必失败，宁为玉碎，毋为瓦全，理应毅然实行一切措施，于绝望中寻求生机"①。铃木见两派的意见实难统一，便站起来无可奈何地说：即使再讨论几天几夜，也不会有结果的，但事态又不容迁延，只得听听天皇的意见了，以圣断作为本会议的决定。天皇起立严肃地说：我赞成外务大臣的意见，理由是：试顾我国现状与列国情势，如再继续战争，不仅日本趋于灭亡，世界人类亦将陷于不幸，故此际唯有忍受一切，结束战争。裕仁天皇的发言，打破了两派僵持的局面，最后一致意见向盟军投降。接着各大臣返回内阁继续开会，讨论有关投降的措辞问题。10日凌晨4时达成了协议。日本政府将投降全文电告瑞士和瑞典政府，请转告中、美、英、苏四国政府，日本接受《波茨坦公告》，决定无条件投降。

同盟国接受日本投降

1945年8月10日，日本政府发布公告：

帝国政府在理解昭和二十年七月二十六日发表的美、英、中三国首脑共同决定，以后又有苏联政府参加的对我国的共同宣言所举出的条件中不包括改变天皇统治国家大权之要求下，帝国政府接受此宣言。②

---

① (日)近卫文麿：《日本投降内幕》，国际文化服务社1947年上海版，第103页。

② 复旦大学历史系编译：《1931—1945年日本帝国主义对外侵略史料选编》，上海人民出版社1983年版，第548页。

同日，日本东京电台广播了这条消息。

10日，瑞士驻美国代办葛拉斯理向美国政府转交日本政府关于投降建议的照会，原文如下：

> 鄙人谨通知阁下：日本驻瑞士公使奉其本国政府之令，已要求瑞士政府以下列诸事实通知美国政府：日本天皇切望促进世界和平，早日停止战争，俾天下生灵得免因战争之持续而沦于浩劫。日本政府为服从天皇陛下之圣旨起见，已于数星期前请当时仍居中立地位之苏联政府出面斡旋，俾对诸敌国得以恢复和平。不幸此等为促致和平之努力业已失败。日本政府为遵从天皇陛下恢复全面和平，希望战争造成之不可言状痛苦能尽速终结起见，乃作下列决定：日本政府准备接受中、美、英三国政府领袖于一九四五年七月二十六日在波茨坦所发表其后经苏联政府赞成之联合宣言所列举之条款，而附以一项谅解曰：上述宣言并不含任何要求有损天皇陛下为至高统治者之皇权。日本政府竭诚希望此一谅解能获得保证，且切望关于此事之明白表示迅速获致。①

同日，美国总统杜鲁门从东京电台的广播中收听到日本宣布投降的照会，国务卿贝尔纳斯收到日本投降的正式照会。11日，贝尔纳斯代表美、英、苏、中四国复电日本，原文如下：

> 代办阁下：八月十日之照会奉悉。兹复者，美国大总统，已嘱鄙人代表美、英、苏、中四国政府致函阁下，俾经由贵国政府转达日本政府。关于日本政府来电接受《波茨坦宣言》之条款，然有下列一点，附以一项谅解曰：上项宣言，并不包含任何要求有损天皇陛下为至高统治者之皇权。吾人所采立场如下：自投降之时刻起，日本天皇及日本政府统治国家之权力，即须听从盟国最高统帅之命令。最高统帅将采取其认为适当之权力，实施投降条款。日本天皇，必须授权并保证日本政府及日本帝国大本营，能签字于必须之投降条款。按《波茨坦宣言》之规定，能获得实施，且须对日本一切陆海

---

① 国民政府国防部史政局及战史编纂委员会档案，中国第二历史档案馆藏。

空军当局，以及彼等控制之下之一切部队（不论其在何处）发施号令，停止积极活动，交出武器。此外，并须发布盟国最高统帅在实施投降条款时所需之其他命令。日本政府，在投降之后，应立即将战俘及所扣侨民，运至指定之安全地点，俾能迅速登同盟国之运输船只。按照《波茨坦宣言》，日本政府之最后形式，将依日本人民自由表示之意愿确定之。同盟国之武装部队，将留于日本，直至《波茨坦宣言》所规定之目的达到为止。贝尔纳斯（签字）国务卿。①

当日本外务省监听到同盟国的复文从美国旧金山播出后，便意识到同盟国的意图是坚持天皇和日本政府的统治权力服从于盟军最高司令部。本来日本政府向同盟国投降的消息在国内是封锁的，后来少数日本国民从外电收听到同盟国的复文，一传十，十传百，知道政府已接受投降的人越来越多，于是国内哗然，赞扬声、谩骂声都有，尤其是日本陆、海军中一些顽固分子，以皇权没有保证、国体没有保证为由，搞阴谋诡计，制造事端，妄图兵变，继续与世界人民、中国人民和日本人民为敌。

8 月 13 日，日本政府收到同盟国的正式复文后，战争最高指导会议于当日上午召开。以铃木、东乡、米内为一方的主和派同以阿南、梅津、丰田为一方的主战派继续论战，毫无结果。下午，召开内阁会议，双方讨论的焦点为是否承认保留天皇制为国体的问题。参加会议的有 16 人，其中 12 人同意接受盟国的照会，1 人弃权，只有阿南等 3 人反对。最后铃木表示：既然几次会议都无结果，只好再请天皇裁决了。

由于日本统治集团内部的矛盾和分歧，日本政府对同盟国的复电迟迟不予答复。8 月 14 日，日本军方还发布作战命令，令中国派遣军不惜一切代价抗击中国军队的进攻，并且叫嚣要对苏、美、英、中进行持久战。同一天，美国代表同盟国通过瑞士驻美国代办葛拉斯理递交日本政府一份照令，指出：日本应立即停止军事行动，并将日期告诉盟军最高统帅部，同时指派使节向盟军最高统帅报告日军及其将领的所在地。派出的使节必须全权行使盟军最高统帅部的指令，按盟军最高统帅部及所辖部队指定地点，接受正式投降。为接受日本投降，美国指

① 国民政府国防部史政局及战史编纂委员会档案，中国第二历史档案馆藏。

派麦克阿瑟将军为最高统帅部陆海空军最高统帅。他又将投降的时间、地点及有关的细节通知了日本政府。与此同时，美国飞机在日本本土散发了百万张用日文印制的传单，上写日本于10日接受波茨坦会议的照会及同盟国的复照。

日本天皇召集的第二次御前会议于8月14日10时半举行。铃木说：御前会议的目的是天皇要亲自聆听内阁成员对接受同盟国照会的意见，并同大臣们交换看法。天皇分析了当时日本国内和世界形势，指出战争是一种灾难，日本如果再打，终将毁灭，他要求内阁尽快拟就终战投降的诏书。御前会议结束后，日本内阁召开了全体成员会议，一致同意天皇的意见。为防止因宣布投降而引起的国内骚动，天皇决定亲自广播投降书。14日晚，日本政府通过投降诏书，并由情报局录音天皇的广播诏书。但是8月15日凌晨4点，受一小撮陆军少壮派军官煽动的近卫师团官兵包围了皇宫，搜查天皇的诏书录音，随之又冲入首相官邸，均未得，然后闯入铃木、平沼私宅，还是未得。后经东部军司令官率部干涉，捣乱分子全部逃离。

第二次御前会议结束后，日本政府立即通过瑞士驻美代办再次照会同盟国，说明天皇已授权日本政府和大本营坚决执行《波茨坦公告》，同时天皇还下令所有日军停止一切军事行动，收缴武器。8月15日11时，日本政府向全国广播了天皇的投降诏书。同一天，美国代表同盟国致牒日本政府，内容如下：（1）下令所属部队停止敌对行动，并将停止军事行动的确切时间通知麦克阿瑟；（2）立即派遣专使直接到麦克阿瑟指定地点部署一切，以便于麦克阿瑟指定地点监视投降仪式；（3）接受麦克阿瑟指定签订投降书的时间、地点及细节。

二

盟军划分受降区域

中国战区的成立

1941年12月9日，中国政府正式发布抗战到底的告文，全文如下：

日本军阀夙以征服亚洲，并独霸太平洋为其国策，数年以来，中国不顾一切牺牲继续抗战，其目的不仅所以保卫中国之独立生存，实欲打破日本之侵略野心，维护国际公法正义及人类福利与世界和平，此中国政府屡经声明者。

中国为酷爱和平之民族，过去四年余之神圣抗战，原期侵略者之日本于遭受实际之惩创后，终能反省。在此时期，各友邦亦极端忍耐，冀其悔祸，俾全太平洋之和平得以维持。不料残暴成性之日本执迷不悟，且更悍然向我英、美诸邦开衅，扩大其战争侵略行动，甘为破坏全人类和平与正义之戎首，逞其侵略无厌之野心。举凡尊重信义之国家咸属忍无可忍，兹特正式对日宣战，照告中外，所有一切条约、协定、合同有涉及中日间关系者，一律废止，特此布告。[①]

同日，中国政府又宣布对德国、意大利处于战事状态，并颁发了布告：

① 国民政府档案，中国第二历史档案馆藏。

自去年九月德意志、意大利与日本订立三国同盟以来，同恶共济，显已成一侵略集团，德、意两国始则承认伪满，继复承认南京伪组织。中国政府业经正式宣布与该两国断绝外交关系。最近，德、意与日本扩大其侵略行为，破坏全太平洋之和平，此实为国际正义的蟊贼，人类文明之公敌，中国政府对此碍难再予容忍。兹正式宣布自中华民国三十年十二月九日午夜十二时起，中国对德意志、意大利两国立于战争地位，所有一切条约、协定、合同有涉及中、德或中、意间之关系者，一律废止，特此宣告。[①]

12月10日，蒋介石致电罗斯福、丘吉尔、斯大林，建议反轴心各国召开联合军事会议。蒋介石于12月10日、11日，两次邀集美、英、荷、澳大使及武官商讨五国联合制订对日作战具体计划。丘吉尔赞成召开联合军事会议；斯大林表示苏联因与德国正处于鏖战之中，一时不能对日本宣战；罗斯福则复电蒋介石，主张采取迅速行动。12月23日，东亚联合军事会议在重庆举行，出席军事会议的有美国代表勃里特少将、英国驻印度军总司令魏菲尔，苏联与荷兰未派代表参加。会议主要内容是商讨对日作战的战略问题。

12月27日，罗斯福接见宋子文、胡适时，谈到了美、英已商定在华盛顿组织军事会议，在各战区设立联合指挥部，南太平洋的局势由中、美、英、荷、澳组织共同机构协同工作。美国还希望使用中国空军基地轰炸日本本土，还要靠中国提供日本的气候情报。31日，罗斯福致电蒋介石，提议组织中国战区。电文大意是：为尽快完成共同抗敌力量的联系与合作，现在在南太平洋战区成立最高统帅部，指挥美、英、荷军队。此项在中国战区的活动也同样需要。我已征得英国、荷兰政府的同意，建议由你负责指挥在中国境内的（包括在越南及泰国的）联合国家的军队。我们还认为，在最高统帅部下面，设立由中、美、英三国政府组织的联合作战参谋部。如果阁下认为可以和苏联表示同意的话，苏联也将派代表参加。为了加强联系，我们建议在印度军司令及南太平洋战区司令以及中国战区统帅之间互派联络员。1942年1月2日，蒋介石复电罗斯福，同意担任中国战区盟军统帅。

设立中国战区，是在华盛顿召开的美、英参谋联席会议决定的。最初，中国

---

① 国民政府档案，中国第二历史档案馆藏。

战区包括中国、泰国、越南和缅甸北部等地区，后来又作了部分调整，将缅甸北部划入东南亚战区。中国战区统帅与东南亚战区统帅虽由同一个统帅兼任，但两个战区的管辖权不同，即东南亚战区统帅的权力要受美、英参谋联席会议的制约，中国战区的统帅权则是独立的。

蒋介石就任盟军中国战区统帅后，旋即请求罗斯福总统指派一名高级将领来华担任中国战区盟军统帅部参谋长。美国原拟派段澜中将（第一次世界大战期间，曾担任过美国援欧远征军统帅部参谋长）来华担任盟军中国战区统帅部参谋长，只是由于段澜的意见与担任美军参谋总长的马歇尔意见相左，故由马歇尔改荐史迪威来华担任盟军中国战区参谋长。

2 月 9 日，史迪威受命从印度转来中国。是时，蒋介石正在印度访问，旋又飞腊戍视察。3 月 3 日，史迪威从新德里飞到腊戍进见蒋介石。6 日，他们同一天飞抵重庆。抵渝后，史迪威马上拜见蒋介石，详细汇报了来中国的任务：（1）指挥在中国、缅甸、印度的美国军队；（2）监督及办理美国援华的军火、武装及其他器材；（3）代表美国政府出席重庆军事会议；（4）担任中国战区与南太平洋战区之间的联络员；（5）管理、维持并改进滇缅公路；（6）指挥在印度的美国空军及由印缅出发的空军行动，并为中国战区盟军统帅部参谋长，接受中国战区盟军统帅的指挥。接着，蒋介石安排了史迪威与军政部长何应钦、军事委员会办公厅主任商震见面，又指示史迪威提出联合参谋部的组织草案。8 日，蒋介石派史迪威为中国战区盟军统帅部参谋长，指挥缅甸的中国军队。

1941 年 12 月 25 日，罗斯福和丘吉尔拟定了同盟国共同对轴心国作战的联合宣言，规定：各加盟国应尽其兵力和资源打击共同的敌人，不得与任何敌人单独媾和。该宣言于 1942 年 1 月 1 在美国华盛顿发表，签字加盟的有 26 个国家，由美、英、苏、中 4 国牵头。

受降区域的由来及划定对日受降区域

1945 年 8 月 15 日，日本政府宣布投降。美国政府任命麦克阿瑟元帅为盟军最高司令官，接受日本的总投降。

在菲律宾的日本侵略军司令山下奉文与美军举行洽降。这就是美国在这些地区受降的由来。

英国在结束对德国作战后，与美国一样将其主要力量用来对付日本侵略军。8月28日，英国舰队开抵马来西亚西岸的槟榔屿，与澳大利亚一起在东南亚地区接受日本侵略军的投降。这是英澳受降区的由来。

苏联军民在斯大林的领导下，英勇奋战，粉碎了德国法西斯的入侵，并在盟军的协助下直捣德国法西斯巢穴柏林，德国宣布无条件投降。旋即，苏联又根据《雅尔塔协定》的规定，于1945年8月对日宣战，出兵中国东北、朝鲜。苏军在中国军队的配合下，横扫日本关东军，东北很快解放。苏联远征军在北太平洋小舰队配合下，占领了库页岛与千岛群岛，太平洋舰队陆战队又占领了朝鲜北部诸港及新竹、罗津、洼清、罗南及仁川等城市。这就是苏联负责在中国东北、北部朝鲜接受日军投降的由来。

同盟国对日本受降区域的划分，是依据日本侵略者占领地区来划分的。最后根据日本政府和大本营向联合国投降的降书，以及联合国远东最高统帅麦克阿瑟对日本政府所下的第1号命令，把同盟国对日本受降区域的划分合法化。9月1日，日本遵照麦克阿瑟的训令，通令日军国内外各司令停止作战，放下武器，留居原处，向盟军司令无条件投降。中国方面（东三省在外）及台湾、越南（北纬16度以北）的日军，向中国战区最高统帅投降。东三省、朝鲜（北纬38度以北）及南库页岛方面的日军，向苏军司令投降。安科曼、尼科巴、缅甸、越南（北纬16度以南）、马来、婆罗洲、荷属东印度、新几内亚、俾士麦，以及所罗门岛方面的日军，向英军蒙巴顿元帅或澳军司令投降。太平洋诸岛上的日军，向美国太平洋舰队投降。日本本土、朝鲜（北纬38度以南）及菲律宾的日军，向美国太平洋方面海军总司令投降。各日军司令，均应奉命解除一切部队的武器。一切武器的制造与分配，由盟军做出安排，日方需提供全部名单。凡拖延或未能实行上述命令者，由盟军军事当局与日本政府严惩。日本投降代表重光葵、梅津美治郎分别在投降书上签字。

9月2日，盟军最高统帅麦克阿瑟对日本政府下达了第1号命令：

帝国大本营兹奉命且基于敕命为履行所有日本国军队对联合国最高统帅官投降之条款，命令日本国内所有指挥官对其所指挥之日本国军队，及在日本国所支配下之军队，依左项指示或联合国最高司令官所下达之指示，对合众国、中华民国、联合王国、苏维埃社会主义共和国联邦之各指挥官或指派之代表者，须即取联络，所关细目须俟联合国最高司令官允准方可变更。右列之指挥官或代表之命令须绝对立即实行。[①]

同盟国对日本受降区域范围的划定是这样的：

中国受降区：中国（东北除外）、台湾及法属印度支那北纬 16 度以北地区的日本前任指挥官、一切陆海空军与辅助部队，向中国战区最高统帅投降。

苏联受降区：东三省、北纬 38 度以北之朝鲜、库页岛及千岛群岛的日本前任指挥官、一切陆海空军与辅助部队，向苏维埃远东军最高司令官投降。

英国、澳大利亚受降区：（1）安达曼群岛、尼科巴群岛、缅甸、泰国、北纬 16 度以南之印度支那、马来亚、苏门达腊、爪哇、小巽他群岛（含峇厘、龙目、帝汶）、布鲁、西兰、安汶、怯义、阿卢、塔龙巴及亚拉佛拉诸群岛、西里伯斯、赫尔玛、赫拉群、荷属新几内亚的日本前任指挥官及所有陆海空军与辅助部队，向东南亚最高司令官投降；（2）帛琉、英属新几内亚、俾斯麦、所罗门群岛的日本前任指挥官及所有陆海空军与辅助部队，向澳大利亚陆军最高司令官投降。

美国受降区：（1）日本委任统治诸岛、小笠原群岛及其他太平洋诸岛的日本前任指挥官及所有陆海空军与辅助部队，向美国太平洋舰队最高司令官投降；（2）日本本土及邻接的诸小岛、北纬 38 度以南之朝鲜、琉球群岛及菲律宾的日本前任指挥官及所有陆海空军与辅助部队，向美国太平洋陆军部队最高司令官投降。

① 国民政府国防部档案，中国第二历史档案馆藏。

三

同盟国总受降

马尼拉洽降

1945年8月15日，杜鲁门总统正式派特使麦克阿瑟，代表同盟国接受日本政府总投降。同日，麦克阿瑟通知日本天皇和政府，他有权直接与日本当局接洽尽早停战。他还通过电台向东京广播，要求日本遣洽降使节到马尼拉，接受同盟国的投降条件。为表明盟军的诚意，保证日本陆、海、空军洽降代表的时间，将日期定为17日上午8时至10时。日方洽降代表从日本飞往琉球的伊江岛，然后由美国飞机运往马尼拉接受盟军交给的任务，无权向盟军讨价还价；并将举行正式投降仪式的时间、条件带回东京；规定日本洽降使节乘坐飞机型号及方向；了解东京飞机场的设备情形；与日本天皇及其政府建立无线电通讯。与此同时，盟军还先后向日本政府及大本营发出了两道命令。

8月16日，日本政府通过东京电台向盟军总部答复如下：（1）天皇已命令所有武装部队立即停止敌对行动，但命令传到遥远的第一线部队，需要一段时间。日本政府已将这些情况报告给了麦克阿瑟。（2）日本政府因时间紧促，不能遵命于17日派遣洽降专使至马尼拉，但已做好准备，洽降使节尽快赴马尼拉，到时日本会同麦克阿瑟元帅联系的。（3）麦克阿瑟要求日本洽降使节所乘飞机的机型，日本因不太了解，要求盟军重播投降指示全文。（4）日本政府虽已下令停战，但估计日本全境需要48小时才能生效，中国、朝鲜与南洋等地需要6天，布肯维尔岛需要8天，新几内亚、菲律宾要12天。麦克阿瑟接到日本政府的复电后，表示同意。至于日本政府不了解洽降使节乘坐的飞机机型，允许改用另一种机型。

8月18日，日本大本营致电盟军总部，拟派54岁的副参谋总长河边虎四郎中将为洽降专使，并于19日飞抵马尼拉。

盟军总部收到日本大本营的电文后，即着手筹备洽降会议。18日晚，麦克阿瑟宣布：以马歇尔少将及史塔德勒为首的美国陆军总部代表团，以班奈中将、田波曼中将、英空军司令魏德勃鲁克组成的盟军东南亚总部代表团，以澳大利亚地面军司令布莱梅将军及其助手杜叶中校组成的盟军澳大利亚军事代表团，以空军参谋长伊希为代表的新西兰代表团，都已于当日到达马尼拉。中国代表徐永昌是在8月12日接到蒋介石参加盟军接受日军投降会议命令的。17日，徐永昌以及杨宣城、朱世明、王丕成、李树正、陈善空等8人离开重庆，18日晨2时抵马尼拉。各代表团去马尼拉的目的一是参与同盟国的活动，二是协商日本政府投降签字的问题。19日下午，以河边虎四郎为首的日本洽降代表16人，按盟军总部指定的路线，从日本本土经伊江岛改乘美国飞机，飞往马尼拉可尔斯飞机场，盟军总部副参谋长威洛贝中将在飞机场迎接。日方降使排成两行与威洛贝中将握手，随后分乘8辆汽车前往罗萨利奥公寓。晚7时，日本降使由工作人员带到马尼拉市政厅参加洽降会议。会议开始前，降使们在威洛贝的引导下，拜见盟军总部参谋长苏赛兰上将，河边虎四郎毕恭毕敬地向苏赛兰呈上任命书。苏赛兰命令6人随他前往会议室，10人返回盟军总部。会上，盟军提出了下列几点：（1）详报东京附近机场设备，并令附近居民迁移；（2）美国空运一个师赴东京，命其准备食物；（3）待空运部队全部抵达，麦克阿瑟赴东京，日方需向盟军提供进入日本本土及其他方面的情报。日本降使要求盟军两个月后在日本本土登陆，遭到盟军的拒绝。20日继续举行洽降会议，日方提供了大量的情报：日本商船战前为700万吨以上，现在只有100万吨至150万吨；海军损失更惨，战斗力完全丧失。洽降会议结束后，盟军总部通知河边虎四郎等人于20日13时离开马尼拉回国。

麦克阿瑟在日本洽降使节离开马尼拉后，发表了声明：日本降使已将洽降内容向大本营报告，盟军总部训令及有关文件已呈递日本政府和大本营。麦克阿瑟率同盟军陆海空军直赴日本本土，接受日本政府的总投降。此外，他还指示日本大本营颁布命令，令各地方的日本侵略军向所在地盟国战区司令无条件投降。他希望在日本总投降书签订以前，各地停战协定能够实施，投降得以顺利实现。23日，盟军最高统帅麦克阿瑟发布了日本投降条款的详细声明，内容如下：

第一条：下列各款由日本政府及大本营执行，于（民国）34 年 8 月 24 日下午 6 时（格林尼治时间，以下同）生效。

1. 保证日本境内之一切陆海军、民用飞机，均停留在地面上、海上或船上，听候盟军处置。

2. 日本领海内，日本的或日本控制下的各式陆海军舰船或商船，不得破坏，在接到训令之前，除行进中之舰船外，不得有任何行动。必须将各种爆炸物投入海中，或移往岸上仓库（100 吨以下之商船从事民用供应活动者除外）。

3. 在海上之日本或日本控制下之舰船，不论在何地点，必须用明语向最接近之美、英或苏联无线电台报告其所在位置，点燃航行灯，前往最接近之盟方港口，或指定之港口待命。潜艇除依照前项规定外，必须浮出海面悬挂黑色长旗，前往关岛之阿格纳港、中途岛或菲岛之苏必克湾，听候盟方处置。

4. 保护盟国战俘及侨民，并供给充足的衣食住与医药，居住的营房须有明显之标志。

第二条：下列各款由日本政府及大本营执行，于（民国）34 年 8 月 25 日下午 6 时生效。

1. 撤除东京湾区域之水雷、地雷阵地与滩头障碍，一切沿海防御高射炮、固定及流动炮一律封存，应保证划出安全路线，并标出明显的记号。

2. 东京湾及其入口处，各种船、舰、艇，解除武器装备，一律不得行动。

3. 管理海湾港有关的海军人员，应继续执行正常任务。

4. 东京湾区域之引水，需继续保证供应。

5. 重建一切辅助航行的设备。东京湾区域现有的航行制度应予尊重，灯光应予保持，阴暗的使之明亮。

第三条：下列各款由日本政府及大本营执行，于（民国）34 年 8 月 27 日下午 6 时生效。

1. 准备横须贺海军基地，供美海军占领及运用。

2. 同盟国占领区内的日本陆海军、一切战斗部队，他们的行动应限制在指定的营区内，但警察与宪兵例外。

3. 为盟军备办统帅膳宿、士兵驻所及营区设备与用具。

第四条：下列各款由日本政府及大本营执行，于（民国）34 年 8 月 28 日下午 6 时生效。

1. 日本参谋本部派员，俟盟方最高统帅代表到达后即举行会议，并随时解决各项问题。

2. 确立占领区之向导及译员 25 人。

第五条：为确保安全驶入东京计，需有日船舰一艘，随带引水人员，限于 8 月 26 日上午 8 时驶出港口 20 英里，引导盟方舰队进入相模湾，但必须服从美国高级海军指挥官的命令。日本应提供完备的航行图，标明一切水下防御物、水雷阵地、其他障碍物的位置以及一切辅助航行的设备。

第六条：从（民国）34 年 8 月 25 日下午 6 时开始，盟军采取下列行动：

1. 盟国海军占领日本本土及沿岸领海，并在大阪、佐世保、长崎、高雄、仁川、青岛、上海，广州、香港、新加坡等港口进行扫雷工作，在执行上述任务的时候，日军不得有任何扰乱。

2. 联合国的飞机日夜在日本本土及日军控制地区上空巡逻监视。

3. 联合国空军向拘留盟国战俘及侨民的营房空投供应品。

盟军原定 25 日离开马尼拉去日本，因为海上飓风所阻，26 日下午 3 时才成行，故日本政府总投降签字改在 9 月 2 日。

同盟国举行总受降仪式

1945 年 8 月 22 日，盟军以 100 万大军占领日本本土。日本大本营宣布本州、四国、九州及其他各地的战斗行动，已于 22 日 0 时完全停止。日本政府下令：凡是在同盟军占领的区域，从日本千叶县的鸭川以东，经千叶、多摩、川口、府中、八五子、厚木至伊豆半岛一线内的日军，提前撤退。该地区的治安，由警察及宪兵维持。

23 日，第一批美军第 14、15、16、17 师，已由菲律宾开赴琉球岛；第二批盟军，用军舰运往日本。

盟国空军原计划于 8 月 26 日在东京地区降落，因遭飓风袭击，只得延迟。28 日上午，第一批空运部队在日本厚木机场着陆，他们的任务是安装机场设备。26 日，庞大的盟军海军舰队开赴东京湾。这次出动舰船约 400 艘，任务是掩护空军和海军部队登陆。为防止日军突然袭击，舰队进入相模湾时，2000 架飞机高翔在天空，以显示盟军的力量。舰船下碇后，一方面派扫雷艇清扫通往 8 英里以外的横须贺海军基地的航道；另一方面将舰队分为若干组，其中一个组赴东京湾主持受降典礼。进入相模湾的盟军舰只有美国主力舰 12 艘、英国主力舰 2 艘，其中以美国"密苏里"号为主。其他有巨型航舰 17 艘、护航舰 7 艘、巡洋舰 20 艘、驱逐舰 126 艘、护航驱逐舰 24 艘以及运输舰、登陆舰、扫雷舰、医院船、修理船等。

30 日，空运到日本的盟军先遣队达 8000 人，并占领昔日天皇的夏季行宫。由琉球岛起飞的 36 架飞机，在厚木机场降落。麦克阿瑟的座机在群机掩护下，同日也在厚木机场降落。30 日，盟军船队在东京湾北岸登陆，占领横滨，盟军总部设在横滨的大新饭店。同时，美国陆军战略航空公司总司令部（司令史巴兹上将）、远东航空队总司令部（司令凯尼上将）、第 8 军军部（军长契尔贝吉上将）、陆军第 5 航空队司令部（司令怀德赫中将）也设在大新饭店内。

美国太平洋舰队总司令尼米兹、第 3 舰队总司令海赛尔率领海军陆战队在横须贺登陆，占领了该地。

到达日本的盟军先遣队与设在横滨的总部联合筹备总受降典礼，盟军还与日本政府达成有关投降仪式的两项决定：

1. 总受降在日本东京湾"密苏里"号主力舰上进行。

2. 同盟国分别在各战区举行受降仪式。

在总受降典礼前夕，麦克阿瑟宣布了同盟国代表在日本投降书上签字的顺序，即美国代表尼米兹元帅、中国代表徐永昌上将、英国代表福拉塞上将、苏联代表狄里夫扬柯中将、澳大利亚代表布莱梅上将、加拿大代表哥斯格洛夫上校、法国代表莱克勒将军、荷兰代表赫夫里区中将、新西兰代表依西特将军。

9 月 2 日，同盟国总受降签字仪式在美国主力舰"密苏里"号的右舷甲板上举行。会议开始前，各国记者、摄影记者 300 余人乘坐小艇登上"密苏里"号，该舰还专门为记者们特制了梯形木台。到场的中国记者 8 人，其中有中央社总编辑陈博生，特派记者宋德和、关宗轼、曾息波等人。"密苏里"号右舷甲板中间放置一张长方形桌子，上面铺着青色桌布，各国代表开始入场。8 时 45 分，盟军最高统帅麦克阿瑟与美国代表尼米兹等进入会场，海军乐队又复奏音乐。麦克阿瑟元帅、尼米兹元帅、史巴兹将军、魏德迈将军、史迪威将军以及 60 名随员站在签字台右边；站在签字台左边第 1 人为中国代表徐永昌，第 2 人为英国代表福拉塞，第 3 人为苏联代表狄里夫扬柯，第 4 人为澳大利亚代表布莱梅，第 5 人为加拿大代表哥斯格洛夫，第 6 人为法兰西代表莱克勒，第 7 人为荷兰代表赫夫里区，第 8 人为新西兰代表依西特。8 时 50 分，投降全权代表日本政府外务相重光葵、日本大本营参谋总长梅津美治郎及其随员 9 人，由美国麦希毕尔上校引导，乘小船来到“密苏里”号。9 时正，麦克阿瑟站在麦克风前，庄严地宣布同盟国总受降仪式开始。

麦克阿瑟宣读了简短的宣言：

吾人咸集此间，蹄结一庄重之协定，俾得恢复和平。理想与观念之分歧，业已在世界各战场上彻底解决，故目下断无讨论及辩论之必要。吾人在此，系代表全球民族之大部分，并非前来以及疑恶意及仇恨之精神相见。凡我胜利者与失败者，实应共同发扬崇高尊严，唯此尊严方能加惠于吾人行将指向神圣目标。凡我众人，均应努力矢守其行将正式担任之工作。余深盼举世人类，亦同样深盼可自此庄严之时刻以后，由过去之流血屠戮中产生一更善美之世界，以信义谅解为基础，谋维持人类之尊严，实现其所珍爱之自由、容忍及正义之希望。日本帝国武装部队投降之条件，载于刻在诸君面前之降书内，余以最高统帅之地位，兹宣布依所代表各国传统精神。余之坚定目的，为以正义及容忍继续执行余之责任，并采取一切必要之处置，藉使投降条件确能全部迅速忠实履行。①

日本投降书分黑色封面的日文体和金绿色封面的英文体两种，投降书长 1.5 尺、宽 1 尺，放置在铺有青色台布的长桌上。

重光葵外相代表日本政府在投降书上签字。当他从自己口袋里取出钢笔准备签字的时候，发觉钢笔已无墨水了，想借用美国代表备用的笔签字。麦克阿瑟见此情形，显出不高兴的表情，续由梅津美治郎参谋总长代表日本大本营签了字。

麦克阿瑟代表所有与日本交战的国家签字。签字时，他每写两个字就换一支笔，一共换了 7 支笔，其中 6 支送给别人，1 支留给自己，作为永久性纪念。随

① 国民政府国防部史政局及战史编纂委员会档案，中国第二历史档案馆藏。

后按照原定顺序，由美国、中国、英国、苏联、澳大利亚、加拿大、法国、荷兰、新西兰代表签字。签字结束后，麦克阿瑟将一份签过字的投降书，亲自交给日本投降代表，然后率领各国首席代表进入“密苏里”号军舰休息室。日本 11 名投降代表仍由麦希毕尔上校引导离开“密苏里”号。这时，数千架 B–29 式驱逐机来自东方，越过“密苏里”号上空，庆祝这个具有伟大历史性的纪念日。

日本投降书全文如下：

余等兹对合众国、中华民国及大不列颠帝国，各国政府首脑于一千九百四十五年七月二十六日于波茨坦宣布，尔后由苏维埃社会主义共和国联邦之参加宣言条款，并根据日本国政府、天皇及日本帝国大本营之命令代表受诺之，右述四国以后称之为联合国。

余等此布告，无论日本帝国、大本营及任何地方所有之日本国军队与日本国所支配下之一切军队，悉对联合国无条件投降。

余等兹命令任何地方之一切日本国军队及日本国臣民，即刻停止敌对行为，保存所有船舶及军用财产，且防止损毁，并服从联合国最高司令官及其指示，对日本国政府之各机关所课之一切要求应予以应诺。

余等此命令日本帝国大本营，对于任何地方之一切日本国军队，及由日本国支配下之一切军队指挥官，速即发布其本身或其支配下之一切军队无条件投降之命令。

余等兹对所有官厅、陆军及海军之职员，命令其遵守且施行联合国最高司令官为实施此投降之文件，认为适当而由其自己发出或根据其委任发出之一切布告及指示，且命令右开职员除由联合国最高司令官，或根据其事务委任与解除其任务以外均须留于各自原有地位，且仍继续行使各个之非战斗任务。

余等兹为天皇、日本国政府及其继续者，承约切实履行《波茨坦宣言》之条款，发布为实施该宣言之联合国最高司令官及其他特派联合国代表要求之一切命令，且实施一切措置。

余等兹对日本国政府及日本帝国大本营命令即速解放现由日本国支配下，所有联合国俘虏及被拘留者，且执行对彼等之保护，津贴给养及对指定地点迅速运输等措置。

天皇及日本国政府统治国家之权，限置于为实施投降条款采用认为适当措置之联合国最高司令官之限制下。

一千九百四十五年九月二日午前9时4分于东京湾“密苏里”号舰上签字之，并根据大日本帝国天皇陛下及日本国政府之命令且以其名义

重光葵

根据日本帝国大本营之命令且以其名义

梅津美治郎

一千九百四十五年九月二日午前9时4分于东京湾为合众国、中华民国、联合王国及苏维埃社会主义共和国联邦及与日本国存在战争状态之其他联合国之利益受诺之。

联合国最高司令官

道格拉斯·麦克阿瑟元帅

合众国代表	尼米兹元帅
中华民国代表	徐永昌上将
联合王国代表	福拉塞上将
苏维埃社会主义共和国代表	狄里夫扬柯中将
澳大利亚联邦代表	布莱梅
加拿大代表	哥斯格洛夫
法兰西代表	莱克勒
荷兰代表	赫夫里区
新西兰代表	依西特[①]

2日，日本天皇在降书上签字时，并发布了诏书：

朕业已受诺昭和二十年七月二十六日，美国、中国、英国三国政府之首脑于波茨坦发表，尔后由苏联参加之宣言所揭载之各条款，对于帝国政府及大本营由联合国最高司令官提示之降伏文件代朕签字，且根据联合国最高司令官之指示，公布对陆海军之一般命令。朕命令朕之臣民速停敌对行为，放

① 国民政府国防部史政局及战史编纂委员会档案，中国第二历史档案馆藏。

弃武器，着实履行降伏文件之一切条款及由大本营分布之一般命令。[①]

同日，日本首相东久迩宫也向全国人民发表文告：

当此正式签署降表之一日，吾人回念过去种种，百感齐集，无限悲痛，难以尽泄。一念我历史悠久之皇军，其武装行将解除，实悲痛无穷。天皇敕命既已颁下，正式投降唯有顺从。吾忠贞之人民应正视失败之事实，而忍受其不可忍受之痛苦，以符御旨，我日本人民务必坚持镇静及秩序，尽量遵守政府及大本营所颁布之命令。吾人应于万般容忍中保持我民族特具之勇敢精神。吾日本人民当默念此番战争所以失败之原因，而于过去种种深自忏悔。同时我日本人民极宜实践一切职责，以期于举世瞩目中表示我日本人民之信誉。目下虽有无限艰巨加诸吾日人身上，然应抱忠贞不移之决心以赴之。于和平及文明之原则下，以力谋日本之新生。对于我国之繁荣及世界和平及文化之努力，吾人当秉承天皇圣旨，职责所责，义不容辞也。

至此，以德、意、日法西斯发动的第二次世界大战，以法西斯的彻底失败、反法西斯的最终胜利而载入史册。

9 月 3 日，被定为世界反法西斯战争胜利纪念日。

从此，日本版图在《波茨坦公告》条款的规定下，已缩小为只有本土 4 岛及其允许的其他若干小岛。日本天皇及其政府置于盟军最高统帅麦克阿瑟元帅的统治下，直至全部投降条款实现为止。

---

① 国民政府档案，中国第二历史档案馆藏。

四

日本在中国战区的投降兵力

侵华日军的演变简况

从 19 世纪末期开始，腐败、无能、专制的清王朝，就成了日本帝国主义弱肉强食的对象。日本通过对中国的几次侵略战争，从中国掠走大量物质财富，从此，贪婪成性的日本帝国主义胃口越来越大，妄想独霸中国，把中国变成日本的殖民地，直至 1945 年 8 月日本军国主义宣布无条件投降为止。

1901 年 10 月 24 日，日本陆军部正式定编“清国驻屯军”。1911 年，辛亥革命推翻清王朝，中华民国成立，日本随即改其在华的侵略军为中国驻屯军。1919 年，日本又在中国东北成立了关东军司令部。

1931 年，日本为了扩大对中国东北的侵略，调集在中国东北的关东军第 1、2、4、12 四个师团，独立混成第 1、11 旅团，第 1、2、3、4、5 独立守备队，骑兵集团军第 1、3、4 旅团以及飞行集团军第 10、11、12、15、16 联队等庞大兵力，发动了九一八事变，并逐步侵吞了整个东北。当时驻在中国平津的日本侵略军，即称中国驻屯军。1936 年 4 月，日本按照侵略中国的既定政策，确定了日军在中国平津地区的新编制。中国驻屯军下辖中国驻屯兵旅团：步兵第 1、2 联队，坦克队，骑兵队，炮兵联队，宪兵队，通信队以及医院、仓库。

1937 年 7 月 7 日抗日战争全面爆发后，入侵华北、华东的日军兵力激增，日本陆军总兵力由 17 个师团扩充为 24 个师团，其中用于侵华的有 21 个师团，占日本陆军总兵力的 87.5%。日军兵力部署如下：

中国驻屯军：下辖中国驻屯兵旅团，独立混成第1、11、20师团，混成第2旅团，临时航空兵团。

新编华北方面军：司令部设在北平，下辖第1、2军，第5、109师团；直辖航空队，独立攻城重炮第1、2大队，通信队，铁道队，直属兵站部队以及驻军宪兵队。

新编关东军察哈尔派遣兵团司令部（1937年8月14日以后，日本关东军侵略的地区不断扩大，为便于控制而组成）：下辖独立混成第1、2、15旅团，堤支队和大泉支队。司令部设在多伦（后迁张北）。

新编驻蒙兵团（1937年12月27日，日本为了填补关东军与华北方面军之间的空隙组成该兵团，直属天皇指挥）：下辖1个师团和5个步兵后备大队。

新编中国方面舰队（1937年10月20日由日本海军组成）：下辖第3、4舰队。

新编上海派遣军（为加快日军对上海、南京的侵略，1937年8月15日组成该派遣军）：下辖第3、11师团，独立机关枪第6大队，战车第5大队，独立轻装甲车第8中队，独立重炮兵第10联队，迫击炮第4大队，野战高射炮大队，野战照空3队，独立工兵第8联队，独立飞行第6中队，上海派遣通信队本部，独立攻城重炮第5大队，兵战部队。

新编华中方面军（淞沪抗战打破了日本3个月亡华的美梦，日军决定改变侵略中国的方针，集中全力进攻华东，占领上海，拿下南京，迫使中国政府投降。1937年11月7日，日本参谋本部组成了该方面军）：下辖上海派遣军、第10军、第3飞行团。

新编上海特别陆战队（1937年8月24日组成）：下辖东部支队、杨树浦支队、北部支队、闸北部队、沙泾港地区队、虹口地区队。

新编第5军（日本为了准备在华南登陆作战，1937年12月7日新编此军）：下辖第11师团、重藤支队、第4飞行团。

1937年12月中旬，日军占领南京后，为了北侵徐州，日本大本营对日军的建制又进行了调整（不包括关东军和侵台日军，下同）：共计15个师团、4个独立混成旅团、1个驻屯兵团、1个支队、1个临时航空兵团及1个飞行团，分布情形如下：

华北方面军：司令部设在北平。下辖第1、2军，第16、114师团，中国驻屯兵团，独立混成第3、4、5旅团，临时航空兵团。

华中派遣军（1937 年 12 月 13 日，由松井石根率领的日军在南京制造了震惊中外的南京大屠杀，受到中外舆论一致谴责。日本当局迫于舆论压力，将松井调回日本。1938 年 2 月，撤销华中方面军、上海派遣军、第 10 军战斗序列，新编华中派遣军）：司令部设在南京。下辖第 3、6、9、13、18、101 师团，步兵第 10 旅团和第 3 飞行团。

驻蒙兵团：下辖第 26 师团和独立混成第 2 旅团。

中国方面舰队：下辖第 3、4、5 舰队。

徐州失守以后，日军进攻的矛头直指武汉和广州。1939 年 6 月，日本大本营下达了倾其全国人力、财力、物力，向汉口进犯的命令。当时，日本共计 34 个师团、6 个混成旅团、3 个独立守备队、1 个骑兵集团、1 个航空兵团，新编成立华北方面军飞行团。其中 3 个师团留守国内、1 个师团驻朝鲜，其余的都用在中国战场上，具体部署如下：

华北方面军：下辖第 1 军，驻蒙军，第 5、21、110、114 师团，独立混成第 5 旅团，骑兵集团，华北方面军飞行队。

华中派遣军：下辖第 2、11 军，第 3、9、15、18、22、116 师团，航空兵团。

新编第 21 军（1938 年 9 月，日军为进犯广州而组成该军）：下辖第 5、18、104 师团，第 4 飞行队。

日军虽然占领了武汉和广州，但中国军队继续坚持抗战，日本侵略者感到用武力威逼中国政府投降是行不通的，于是将原先采用的速战速决方针改为持久作战，对中国正面战场以军事进攻为主的战略对策改为政治诱降为主，将主要兵力投入进攻敌后战场的八路军、新四军等抗日武装力量，其兵力变动如下；

华北方面军：从 1938 年 11 月至 1939 年 9 月，经过多次整编后，下辖第 1 军及其所属第 20、36、37、108 师团，独立混成第 3、4、9 旅团，第 12 军及其所属第 21、22 师团，独立混成第 5、6、10 旅团，驻蒙军及其所属第 26 师团，独立混成第 2 旅团，骑兵集团；直辖第 27、35、110 师团，独立混成第 1、7、8、15 旅团，骑兵第 4 旅团，第 3 飞行团。

华中派遣军：下辖第 11 军及其所属第 3、6、13、33、34、101、106 师团，独立混成第 14 旅团；直辖第 5、17、22、116 师团，独立混成第 11、12、13 旅团，第 3 飞行团。

第 21 军：下辖第 18、104 师团，台湾混成旅团，第 1 独立步兵队，第 21 独立飞行队。司令部设在广州。

1939 年 9 月，日本帝国主义在政治上成立以汪精卫为代表的傀儡政权——伪国民政府，在军事上设立中国派遣军总司令部，统一指挥侵华日军，司令部设在南京。管辖：

华北方面军：司令部设在北平。下辖第 1、12 军，驻蒙军；直辖第 27、35、110 师团，独立混成第 1、7、8、15 旅团，野战重炮兵第 2 旅团。

第 11 军：司令部设在汉口。下辖第 3、6、13、33、34、101、106 师团，独立混成第 14 旅团，野战重炮兵第 6 旅团。

第 13 军：司令部设在上海。下辖第 15、17、22、116 师团及独立混成第 11、12、13 旅团。

第 21 军：司令部设在广州。下辖第 18、104 师团，台湾混成旅团，第 1 独立步兵队，第 21 独立飞行队。

第 3 飞行集团：司令部设在北平。下辖第 1、3 飞行团，独立飞行第 16 中队，飞行第 60 战队。

直辖：第 7 通信队、华中气象部、第 4 铁道部。

1940 年，为准备“南进”，侵华日军作了如下调整：

中国派遣军管辖的（1）华北方面军：下辖第 1、12 军，驻蒙军；直辖第 27、110 师团，独立混成第 1、7、8、15 旅团，电信第 5 联队，华北气象部，第 2 野战铁道部，中国驻屯宪兵队。（2）第 11 军：下辖第 3、4、6、13、33、34、39、40 师团，独立混成第 14、18、20 旅团。（3）第 13 军：下辖第 15、17、22、116 师团，独立混成第 11、12、13、17 旅团。（4）第 3 飞行集团：下辖第 1、3 飞行团。1940 年 2 月，成立华南方面军和第 22 军，直辖日本大本营，司令部设在广州。下辖印度支那派遣军，第 18、38、48、104 师团，近卫师团，独立第 19 旅团和第 21 独立飞行队。

1941 年 12 月 7 日，日军偷袭珍珠港，发动了太平洋战争。根据战局的发展变化，日军又作了如下调整：

华北方面军：司令部设在北平。下辖第 1、12 军，驻蒙军；直辖第 27、41、110 师团，独立混成第 1、8、9、15 旅团。

第 11 军：司令部设在汉口。下辖第 3、6、13、34、39、40、58、68 师团。

第 13 军：司令部设在上海。下辖第 15、17、22、60、70、116 师团，独立混成第 12、13、17 旅团。

第 23 军：司令部设在广州。下辖第 51、104 师团，独立混成第 19 师团，第 1 独立步兵队。

第 1 飞行团：司令部设在南京。下辖飞行第 44、54 战队，独立飞行第 10、18、83 中队，第 8 直协飞行队。

1942 年初，日军大本营决定从侵华日军中抽调部分兵力，增援太平洋战场，对中国派遣军又作了一些调整：

华北方面军：下辖第 1、2 军，驻蒙军；直辖第 27、110 师团，独立混成第 1、8、9、15 旅团。

第 11 军：下辖第 3、13、34、39、40、58、68 师团，独立混成第 17 旅团。

第 13 军：下辖第 15、22、70、116 师团，独立混成第 12、13 旅团。

第 23 军：下辖第 104 师团，独立混成第 19、22 旅团。

第 3 飞行师团：下辖第 1 飞行团，飞行第 44、54 战队，第 29 飞行队，独立飞行第 84 中队，独立飞行第 65 战队和侦察机 3 个中队。

1943 年，盟军在太平洋战场上的反攻取得节节胜利，战局开始对日本不利，日军只好再次从中国战场上抽调部分兵力，加强在太平洋战场上的势力，派遣军又有些变化：

华北方面军：下辖第 1、12 军，驻蒙军；直辖第 63、110 师团，独立混成第 3 旅团。

第 11 军：下辖第 3、12、34、39、40、58、68 师团，独立混成第 17 旅团。

第 13 军：下辖第 22、60、61、64、65、70、116 师团。

第 23 军：下辖第 104 师团，独立混成第 19、22、23 旅团。

第 3 飞行师团：下辖第 1 飞行团，飞行第 44、45、46 战队，第 29 飞行队，独立飞行第 84 中队，独立飞行第 65 战队，侦察机 3 个中队。

华北特别警备队：前身为中国驻屯军宪兵队，是专门对付中国共产党和抗日救亡组织的特工队伍。随着对华侵略战争的需要，日军又设立了驻中国宪兵队，总部设在天津，总部下设特高课，北平等地设分会。1941 年驻中国宪兵司令部改为华北宪兵派遣队。1943 年 8 月又改称为华北特别警备队，下设北平、济南、太原、张家口 4 个宪兵队。10 月，编入华北方面军，并分派到各个师团。华北特别警备队的任务，是对抗日的秘密组织及其活动进行侦察摧毁与镇压，对中国共产党员和抗日民主人士进行逮捕和杀害。

1943年，日军在太平洋战场上连遭惨败，为保持和巩固日本与东南亚的联系，日本大本营决定打通中国大陆交通线。1944年，日本大本营一方面对侵华日军兵力进行调整，另一方面更换中国派遣军总司令，由冈村宁次大将接替畑俊六大将，所辖日军为：

华北方面军：下辖第1、12军，驻蒙军；直辖第59、63师团，独立混成第1、5、8、9旅团，独立步兵第1、2旅团，华北特别警备部队。

第1军：下辖第69、114师团，独立混成第3旅团，独立步兵第10、14旅团。

第12军：下辖第110、115、117师团，战车第3师团，骑兵第4旅团。

驻蒙军：下辖第118师团、独立混成第2旅团、第12野战补充队。

第6方面军：下辖第11、34、20军。

第34军：司令官为佐野忠义中将。下辖第39师团，独立混成第17旅团，独立步兵第5、7、11、12旅团，第5、9、10野战补充队。

第20军：司令官为坂西一良中将，司令部设在衡阳。下辖第27、40、64、68、116师团，第1、2野战补充队和岩本支队。

派遣军直辖第23军：司令官为兼香港占领地总督田中久一中将。下辖第22、104师团，独立混成第19、22、23旅团，独立步兵第8、13旅团和香港防卫队。

派遣军直辖第13军：司令官为津佐比重中将，司令部设在上海。下辖第61、65、70师团，独立步兵第6旅团，第4、11野战补充队。

派遣军直辖第5航空军：下辖第1、2、8飞行团；直辖飞行第44战队，独立飞行第18、54、55中队。

1945年，盟军在各条战线上进展神速，日军处处被动挨打，但仍垂死挣扎。为加强日本本土和中国占领区的防御部署，侵华日军进行了最后一次调整：

华北方面军：下辖第1、12、43军，驻蒙军；直辖独立混成第1、8、9旅团，独立步兵第2旅团，第3、7独立警备队，华北特别警备队。

第1军：下辖第114师团，独立混成第3旅团，独立步兵第10、14旅团，第5独立警备队。

第12军：下辖第110、115师团，战车第3师团，骑兵第4旅团，第6、10、13、14独立警备队。

第43军：司令官为细川中康中将，司令部在济南。下辖第47师团，独立混成第 5、9 旅团，独立步兵第 1 旅团。

第 6 方面军：下辖第 11、20 军；直辖第 132 师团，独立混成第 17、83、84、85 旅团，独立步兵第 5、7、11、12 旅团，第 2 独立警备队。

第 11 军：司令官为笠原幸雄中将。下辖第 58 师团，独立混成第 22、88 旅团。

第 20 军：下辖第 64、68、116 师团，独立混成第 81、82、86、87 旅团。

派遣军直辖第 13 军：司令官为松井太久郎。下辖第 60、61、65、69、161 师团，独立混成第 90、92 旅团，独立步兵第 6 旅团，第 1 独立警备队。

派遣军直辖第 6 军：司令官为十川次郎中将，司令部设在杭州。下辖第 70、133 师团，独立混成第 62、89、91 旅团。

派遣军直辖第 23 军：下辖第 104、129、130 师团，独立混成第 23 旅团，独立步兵第 8、13 旅团，香港防卫队。

派遣军直辖师团：下辖第 3、13、27、34、40、131 师团。

航空队：第 13 飞行师团，师团长为吉田喜八郎，司令部设在南京。

侵华日军总投降兵力

1945 年 8 月 21 日，中国派遣军最高指挥冈村宁次交给何应钦将军一份侵华日军部队长名单，从中可知侵华日军的总兵力：

中国派遣军直辖部队包括第 6、13 军，第 65、133、104 师团以及华南的第 23 军。

中国派遣军华北方面军包括第 1、12、43 军，第 110 师团以及驻蒙军。

中国派遣军第 6 方面军包括第 11、20 军。

在中国战区投降的日军指挥机关及部队单位包括 1 个司令部、3 个方面军、10 个军、36 个师团、41 个独立旅团、1 个骑兵旅团、19 个独立警备队、6 个海军特别根据地队及陆战队。

中国派遣军总司令冈村宁次所辖投降总人数共计 1223249 人。其中，华北方面军为 326244 人，华中第 6 方面军为 330376 人，南京、上海地区的第 6、13 军为 330397 人，广东的第 23 军为 137386 人，台湾的第 10 方面军为 169031 人，越南北纬 16 度以北地区的第 38 军为 29815 人。

上述投降的日军分别集中在“雷州、顺德、广州、东莞、海南岛、汕头、惠州、长沙、衡阳、湘阴、株洲、新墙、岳阳、吴城、彭泽、湖口、九江、武穴、都昌、杭州、松江、厦门、南京、浦镇、镇江、苏州、芜湖、上海、浦东、杨树浦、嘉定、昆山、太仓、无锡、常州、汉口、金口、嘉鱼、咸宁、天门、岳口、应城、孝感、黄陂、仙桃、徐州、海州、蚌埠、固镇、滁州、安庆、大通、北平、石匣镇、马驹桥、塘沽、天津、大同、保定、石门、沧县、定县、青岛、济南、张店、坊子、泰安、兖州、洛阳、开封、新乡、郑州、太原、崞县、汤源、平遥、沁县、许昌、郾城、商丘、包头、台北市、新竹、苏澳、连花港、丰原、台中、嘉义、善化、台南、高雄、潮州、台东、澎湖岛、河内、海防、顺化、土伦”[①]等地。

① 国民政府国防部史政局及战史编纂委员会档案，中国第二历史档案馆藏。

五

中国战区受降准备

日本降电到重庆

1945 年 8 月 10 日，中国政府从外电广播中获悉日本政府宣布无条件投降的消息，分别致电美、英、苏三国首脑表示祝贺。15 日上午 7 时，中国政府外交部正式收到日本政府致中、美、英、苏 4 国投降电文：

一、关于日本接受《波茨坦宣言》之各项规定事，天皇陛下业已颁布敕令。

二、天皇陛下准备授权并保证日本政府及日本大本营签订实施《波茨坦宣言》各项规定之必要条件，天皇陛下并准备对日本所有海、陆、空军当局，及在各地受其管辖之所有部队，停止积极行动，交出军械，并颁发盟军统帅部所需执行上述条件之各项命令。①

15 日晨，蒋介石在重庆对全国军民及世界人士发表广播词："我们的正义，必然胜过强权的真理，终于得到了它最后的证明，这亦就是表示了我们国民革命使命的成功，我们中国在黑暗和绝望的时期中，经过八年奋斗，今天才得到了实现，我们对于显现在我们面前的世界和平，要感谢我们全国抗战以来忠勇牺牲的

① 国民政府国防部史政局及战史编纂委员会档案，中国第二历史档案馆藏。

军民先烈，要感谢我们为正义和平而共同作战的盟友，尤须感谢我们国父辛苦艰难领导我们革命正确的途径，使我们得有今日胜利的一天。”“我们中国同胞，须知不念旧恶，及与人为善，为我民族传统，至高至实的德性。我们一贯声言，只认日本黩武的军阀为敌，不以日本的人民为敌，今天敌军已被我们盟邦共同打倒了，我们当然要严密责成他，忠实执行所有的投降条款，但是我们并不要企图报复，更不可对敌国无辜人民，加以污辱。”“要知道，如果以暴力答复敌人从前的暴行，以侮辱来答复他们从前的错误的优越感，则再冤冤相报，永无终止，决不是我们仁义之师的目的，这是我们每一个军民同胞今天所应该特别注意的。”“我确实相信，全世界永久和平，是建筑在人类平等自由的民主精神和博爱互助的合作基础之上，我们要向着民主与合作的大道上迈进，来共同拥护全世界永久的和平。”蒋介石表示，使敌人“能彻底忏悔”，成为世界上爱好和平的人们，这样“才达到我们全体人类大战最后的目的”。15日上午，蒋介石以中国战区盟军最高统帅名义致电南京驻华日军最高指挥官冈村宁次，指示日军6项投降原则：

急。南京日军驻华最高指挥官冈村宁次将军鉴：一、日本政府已正式宣布无条件投降。二、该指挥官即通令所属日军停止一切军事行动，并派代表至玉山接受中国陆军总司令何应钦之命令。三、军事行动停止后，日军可暂保有其武装及装备，保持现有态势，并维持所在地之秩序及交通，听候中国陆军总司令何应钦之命令。四、所有飞机及船舰应停留现在地，但长江内之船舰应集中宜昌、沙市。五、不得破坏任何设备和物资。六、以上各项命令之执行，该指挥官及所属官员，均应负个人之责任，并迅速答复为要。[①]

同一时间，电文通过中央台、军事委员会军中电台及电信总队电台，分别用中文和日语播出。电文还用中日两国文字印成传单上百万份，连同《告沦陷区同胞书》，由航空委员会派出8架飞机，向沦陷区各城市散发。

同一天，冈村宁次收听到日本天皇广播的投降诏书，命令部属们谨遵圣谕，停止攻击作战。同时，又向日本大本营参谋总长梅津美治郎去电请示，扬言日本驻中国派遣军拥有百万余众，且连战连胜，国家间之战争上虽已失败，但在战役

---

① 国民政府国防部史政局及战史编纂委员会档案，中国第二历史档案馆藏。

上仍居于压倒性胜利的地位，由如此软弱无能的重庆军队来解除强大日本军队的武装，实为不应有的事。次日夜，冈村宁次接到日本大本营“即刻停战”的命令，一面电令下属即刻停止战斗行动，但他又同时指示军队“停战交涉未有行动之前，敌若来攻，为了自卫，可采取战斗行动”。17日清晨，冈村宁次依然叫嚣：“必要时应行使武力自卫。”冈村宁次只讲停止军事行动，却只字不提无条件投降。他根本不承认日本是战败国，也无视日本政府已正式向同盟国无条件投降的客观现实。

直到8月17日17时30分，在重庆的蒋介石才收到冈村宁次复电：

限即到。中国战区最高统帅蒋中正阁下：中华民国卅四年八月十五日赐电敬悉。今派今井总参谋副长、桥岛参谋二人，率同随员三人，准予本月十八日乘飞机至杭州等候尊命再起飞玉山，敝处使用双引擎发动机一架，并无特殊标识，并请咨照玉山飞机场派员接见，仰赖照料为感。[①]

蒋介石接到冈村宁次的电报后，便着手准备受降工作。

受降前的准备

1945年8月13日，蒋介石提出处理日军投降要点。15日，蒋介石电示各战区接受日本投降应注意的事项：

一、敌已无条件投降。二、同时令敌驻华最高司令官，转饬所部，即就现态势停止一切军事行动，不得破坏物资交通，扰乱治安秩序，听候所在地中华民国陆军总司令或战区长官之处置，并限二十四小时之内答复。三、各战区应注意下列各项：甲、对敌可能之抵抗与阻扰，应有应战准备。乙、并应警告辖区以内敌军，不得向我已指定之军事长官以外任何人投降缴械。

① 国民政府国防部史政局及战史编纂委员会档案，中国第二历史档案馆藏。

丙、对封锁地伪军，应策动反正，并迅即确保联络掌握其令先期包围集中之敌，先将控制敌军撤离后之要点要线，以待国军到达。丁、对投降之敌军及俘虏，不得危害，并剀切通令所属官兵。戊、各战区除以主力挺进解除敌军武装外，应残留所要部队维持当地治安。己、国军之整编，得由各地区长官斟酌状况暂缓实施。四、该总司令对敌后各要点要线之挺进占领，及令敌军分区集结监视缴械办法，仰即日拟具详细计划呈核。[①]

同日，蒋又电示中国陆军总司令何应钦，做出如下指示：

甲、兹规定中国军何总司令之任务如下：一、承本委员长之命，处理在中国战区内之全部敌军投降事宜。二、指导各战区各方面军分区分期办理一切接受敌军投降之实施事宜。三、秉承本委员长之意，对中国战区内之敌军最高指挥官发布一切命令。四、秉承本委员长之指示，与中国战区美军人员密切合作办理美军占领区、盟军联合占领区，交防接防敌军投降后之处置。五、收复区内难民救济、交通通信运输之恢复诸事宜。六、指导各战区各方面军分区分期办理接受伪军投诚编遣及剿办不听命令之伪军事宜。七、负责处置南京伪组织政府，恢复南京及其附近之秩序，敬待国民政府还都。八、在办理接受敌军投降期间，秉承委员长之指示，调动部队，占领中国战区内各军事、政治、经济、交通要点及要港，构成处理敌军及恢复全般秩序之有利态势。九、对于非经政府指定之受降部队，如有擅自接受敌军投降，企图扰乱我受降计划者，得呈请本委员长下令惩罚之。十、敌军应对本委员长所指定之部队投降，如对非指定之部队而擅自向其投降或让防，或于投降期间不遵我军命令实施者，得由陆军总司令下令以武力制裁之，并对不遵命令之敌部队长或敌军最高指挥官，直接予以处置。十一、指导监督并得全权处理收复区内一切党政各事务。十二、指挥各战区所有向收复区挺进及原在收复区各部队，但各战区在后方留防部队，仍归各战区秉承本会之指示指挥之。

乙、陆军总部对各战区下达之重要命令，及各战区遵办情形，除呈报陆军总部外，均应分别呈报本军事委员会备查，本会对陆军总部各战区下达之

① 国民政府国防部史政局及战史编纂委员会档案，中国第二历史档案馆藏。

命令，亦视必要同时分令之。

以上各项，仰即遵照为要。[①]

根据蒋介石的电谕，中国政府派遣下列人员前往各省市负责临时事务：南京马俊超、上海钱大钧、北平熊斌、天津张廷谔、青岛李先良、济南何思源、保定孙连仲、太原阎锡山、绥远傅作义、热河刘多荃、开封刘茂恩、武汉王东源、长沙吴奇伟、广州陈策、杭州黄绍雄、南昌曹浩森、安庆李品仙、镇江王懋功、广州湾邓龙光。

中国战区洽降地点原定浙江省玉山机场，后因机场跑道被雨水损坏，不能使用。顾祝同、冷欣建议在江西上饶洽降，何应钦倾向此建议，遂向蒋介石提出。17 日，蒋介石召开最高层会议，美军魏德迈认为日军虽然投降，但仍很傲慢，不肯认输。他建议空运新 6 军到南京准备受降工作，因为新 6 军在缅甸打败过日军王牌——第 18 师团；另以第 3 方面军空运上海，第 2 方面军接收广州，第 4 方面军接收长沙、武汉，将中国陆军总司令部推进到湖南省芷江，命令日军洽降使节到芷江接受指示。蒋介石听了魏德迈的分析后，觉得很有道理，采纳了他的建议。当日，蒋介石电告冈村宁次，因玉山机场被雨水损坏不能使用，洽降地区改为湖南芷江。18 日，蒋介石再告冈村宁次，通知日本洽降使节于 21 日到达芷江，并遵照以下规定办理：（1）代表人数不得超过 5 名（内须有熟悉南京、上海附近机场情形之飞行员 1 人），于 8 月 21 日晨坐日本飞机一架，自汉口起飞，径飞常德上空。此时高度须 5000 英尺，时间为上午 10 时（格林尼治时间为凌晨 2 时），届时在 6000 英尺上空当有 3 架盟军战斗机迎接之。如云层过低，日机应在云层下 1000 英尺，盟军飞机高度则在云层下 500 英尺。（2）日机应在两翼上下标志日本国旗，并在机翼末端各系 4 公尺长之红色布条一根，以资识别。（3）3 架盟军战斗机负责护送日本飞机至芷江机场，并规定着陆顺序。（4）今井武夫总参谋副长须随带驻中国大陆、台湾及北纬 16 度以北安南地区所有日军之战斗序列、兵力位置、指挥区分系统等表册。（5）假如气候恶劣不能按计划飞行时，须于次日依照规定时间与方式实施。（6）日本飞行人员的长波为 5860KC，收发用英语呼“King Able Air Ground Control，Repeat，King Able Ground Control”。与芷江机

① 国民政府国防部史政局及战史编纂委员会档案，中国第二历史档案馆藏。

场地面指挥部取得联络，此呼号只有距芷江 100 英里时方可用，且每隔 10 分钟呼叫一次，直至临近芷江机场为止。芷江无线电指挥降落站使用波长为 425KC，英语呼号为 King Able，当日本飞行员望见芷江机场时即停止与 King Ab1e 地面指挥部队联络，改用波长 4495KC 与 King Able 指挥塔联络。（7）接到此电后，须在 8 月 19 日 18 时至 20 时在南京无线电（XON）以波长 5400KC 答复。19 日，冈村宁次复电，遵令派遣今井参谋副长一行于 21 日飞抵芷江，所乘飞机为中型双发动机一架，机尾部系以布条 1 根。周率是 5860KC，变更为 4493KC；又为 4495KC，变更为 4493KC。

蒋介石收到冈村宁次复电后，召见何应钦，面授日军投降一切事宜。何应钦接受任务后，除令陆军总部准备受降外，还在国民政府各部会中抽调一批人员参加受降工作，并于 19、20 日两天在重庆复兴关防空司令部内召开受降筹备会，按照拟定方案划分受降地区，选定受降地区主官；规定投降日军应遵守事项；制定备忘录;安排洽降程序等等。20 日下午，何应钦率领中国陆军总参谋长萧毅肃、政治部主任李惟果、参谋处长刘濂一、陆军大学研究部主任徐祖贻、军训部次长王俊、劳动局长贺衷寒、行政院参事徐象枢、教育部秘书刘林士、《扫荡报》报社社长黄少谷以及马崇六、龚德柏、于益谦、邵毓麟、缪云台、邓文仪等 30 余人，分乘 2 架飞机飞向湖南芷江。

六

芷江洽降

日本降使到芷江

芷江，坐落在湖南省沅江支流㵲水岸边。选择这里作为中国现代史上第一个受降城，有两重意思：一是芷江为日军丧师折兵的重镇，著名的湘西战役就是以日军失败而告终；二是芷江是湘黔川边境一个重要的空军基地，广阔的机场上银鹰相接，颇为壮观。洽降前夕，芷江城内家家悬挂国旗，在湘黔公路街道口，搭起彩楼，上面写着“胜利之门”。㵲水大桥两端也搭起了彩楼，一端写着“正义之道”，另一端写着“和平桥梁”。桥上用柏枝饰出许多“V”（胜利的意思）。1945 年 8 月 20 日下午 5 时，何应钦等乘坐的 2 架飞机在芷江机场着陆，随后乘车前往中国战区中国陆军总部前进指挥所。不久，在华的美军作战训练司令部和昆明陆军总部后勤司令部也来了 3 架巨型飞机。60 余名中外记者均先后抵达芷江，加上中国战区各地区受降主官也纷纷云集芷江，原来准备 60 人的住宿远远不够用。原本规定 1 个人住的房涧，现在只得住 2 人或更多。

21 日晨，经过大雨的芷江城阳光普照，万里无云，空气特别新鲜。芷江军民在晨曦中群聚街头，欢庆抗日战争的胜利和世界和平的到来，都想亲眼看一看日本侵略者战败投降的下场。上午 9 时，何应钦举行了中外记者招待会，发表了简短的演讲，说明他这次来芷江的任务、目的，同时对中外记者提出的许多问题亦一一做了回答。9 时半，中美空中混合第 5 大队 3 架野马式战斗机由 2 名中方飞行员和 1 名美方飞行员驾驶，从芷江机场起飞，10 时左右到达常德上空。中国驾驶员周天民在洞庭湖上空西北方向发现一个小点，他判断是日方洽降代表乘坐的飞机，于是招呼僚机前去警戒。机群到达溆浦县城上空，应该沿资江西飞，可日方驾驶员在途经洪江湾机场的时候，误以为已经到达目的地，拟即降落。周天民断定日机搞错地点，乃摇动机翼示意，但日方驾驶员仍未发现。周天民盘旋一周，以手示意，日方驾驶员这才发现，复由中方飞机领航，向芷江飞去。当日本洽降代表乘坐的飞机到达芷江机场上空的时候，中方已有 6 架战斗机在空中警戒。在机场的中美官兵及中外新闻记者、摄影记者、四周观望的群众约 5000 人，他们听到飞机的嗡嗡声由远而近，人群开始骚动。4 架飞机在上空盘旋后，开始降落。遵照中方的规定，第 1 架着陆为周天民驾驶的飞机，等候在机场的人们立即向周天民报以雷鸣般的掌声和欢呼声，有人还向周天民身上抛花。接着便是今井武夫等乘坐的飞机着陆。第 3、第 4 架着陆的飞机为中方、美方的。今井武大，中校参谋桥岛芳雄，少校参谋前川国雄，翻译木村辰男，飞行机长、空军少校杜原喜八等人依次走下飞机，肃立在舷梯旁边，接受中方工作人员和宪兵的检查。检查完毕，今井武夫等人乘坐插有白旗的吉普车离开机场，前往住所。

21 日下午 2 时 30 分，中国战区日军洽降会议正式举行。会议厅的大门上扎上松柏枝，中间贴上“和平永奠”4 个大字，厅正中墙上挂着孙中山先生半身遗像，中国国旗和国民党党旗分别挂在两旁。中山先生遗像对面墙上挂着中、美、英、苏 4 国国旗，旗的中间嵌一金色大“V”。遗像下面放一张长桌，为受降席，对面为投降席。萧毅肃将军坐在受降席中间，左边是中国陆军总司令部副总参谋长冷欣中将，右边为美军柏德诺准将，翻译坐在冷欣旁边。中外记者坐在旁听席上。出席洽降会的中国战区高级将领和顾问还有：杜聿明、汤恩伯、王耀武、卢汉、蔡文治、钮先铭等。萧毅肃在开会前发表 3 点声明：“第一，今天在场的中外记者不准提问。第二，当日本洽降代表进来时，大家都应坐着不动。第三，中国方面的发言，先译成日文，再译成英文；日本方面的发言，先译成中文，再译成英文。”接着，1 名中国军官走到厅内另一端打电话说：“请将日本洽降代表带来。只准来四个，即今井武夫和他的两个参谋，一个翻译，不准携带武器。”3 时 40 分，今井武夫等在工作人员的引导下，肃立在会议厅门口，经受降主官应允后，来到厅正中，排成一列横队，向萧毅肃等人一鞠躬。萧等人未回礼，只是说了一声：“请坐。”今井武夫坐在投降席中间，右边为桥岛芳雄，左边是前川国雄，木村辰男坐在最右边。摄影记者抓紧摄影。

萧毅肃首先介绍了自己，然后介绍了其他受降代表。萧说："我受何应钦总司令的委托接见你们，请你们说明身份，交出身份证明书。"今井武夫用低沉的声音介绍了日方人员："鄙人是日本驻华派遣军总参谋副长，右边是桥岛芳雄参谋，左边为前川国雄参谋，都是我的随员。我受日本驻华派遣军总司令冈村宁次派遣，进见中国战区负责人。我的任务就是在停战协定签字以前与贵官联络，没有权力决定、也没有权力在任何文件上签字。"

今井武夫未正面回答萧毅肃提出的问题，于是萧再次问今井："你有没有带身份证明书，如果带来了，请交给我看。"

今井答："我没有身份证明书，只带来了冈村宁次接洽的命令书。"

萧说："命令书也可以给我看。"今井将命令书交给桥岛芳雄呈递萧毅肃。

萧说："中国战区最高统帅 18 日 6 时致冈村宁次的电令，要求你们随带中国、台湾及越南北纬 16 度以北地区所有日本陆、海、空军的战斗序列，兵力布置及指挥系统表册，你们已经带来，请即交出。"

今井答："表册没有，只带来一份日军在华兵力配备图，但最近东北军队向华北调动的详情没有在图上注明。此外，中国派遣军仅负责指挥中国境内的日军，台湾、越南日军不属冈村宁次指挥范围，所以也未在图上注明。"木村辰男只翻译到此就停止了。中方翻译立即站起来说："今井武夫的话还有两句没有翻译，即东北、越南、台湾的大概情形是可以知道的。"今井即命桥岛交出日军在华兵力配备图。当桥岛、木村站在桌前对地图讲解时，几十架摄影机同时对准桌上的地图及正在说话的桥岛和木村。

萧问："冈村宁次将军还有其他文件交给你带来吗？"

今井答："无其他文件。"

萧说："中国陆军总司令何应钦现有中字第一号备忘录一件，是致冈村宁次将军的，请你转交冈村宁次将军，你可先阅读，读完后在备忘录证书上签字。"今井在签字前，要求询问几个问题，萧说："我看今天没有必要询问了，允许另外派人洽谈。"今井手执毛笔签字，其大意：我已收到中字第一号备忘录中文本一份，日文本一份，但以中文本为标准；并已充分了解备忘录的全部内容，负责转告冈村宁次将军。

萧说："中字第一号备忘录，是讲中国陆军总司令部要在南京设置前进指挥所，派冷欣中将担任主任，这种措施是为了顺利解决日军投降的有关事宜。中国陆军总司令部前进指挥所的先遣人员及机场设站人员，将乘飞机与你们同时飞往南京，并要求冈村宁次将军采取安全保卫措施。”

今井答：“当代为转达。”

萧说：“何应钦将军在冈村签订投降书以前，即将运输军队抵南京、上海、北平等地，请转告冈村宁次将军。”

今井答：“当代为转告。”

萧说：“为今后双方接洽方便起见，何应钦将军要与冈村宁次将军直接通电话，特规定对方电台呼号波长及通报时间表一份给你，回南京后，立即转送冈村宁次将军，照此办理。”今井接过电台时间表，同时交出日本通报时间表一份。

萧说：“何应钦将军还有许多问题，另派中美专家与你详谈，但事先必须经何应钦将军批准。为了你的安全，中美专家将分别前往你的住所，你要据实详细地答复。”

今井答：“天皇已接受《波茨坦宣言》，从道义方面讲，我们亦应与中国方面尽快联络。”

萧说：“你们回南京的时间另行通知，现在可以回住所了。”历时 1 小时又 20 分钟，第 1 次洽降会议结束。

中字第 1 号备忘录是中国战区受降的主要文件之一，特抄录如下：

一、本人以陆军总司令之地位，奉中国战区最高统帅特级上将蒋中正之命令，接受在中华民国（辽宁、吉林、黑龙江三省除外）、台湾及越南北纬十六度以北之地区内日本高级指挥官及全部陆、海、空军及其辅助部队之投降。

二、日本驻华最高指挥官冈村宁次将军，应自接受备忘录之时起，立即执行本总司令之一切规定，在台湾及越南北纬十六度以北地区内之日军，亦同此规定，并由冈村宁次将军负责指挥该项日军之投降。

三、冈村宁次将军于接受此备忘录后，关于下列事项，应立即对日本陆海空军下达必要之命令：

1. 对本总司令所辖地区（即第一条所述地区，以下同）所有之日本陆海空军及辅助部队，立即停止一切敌对行动。

2. 对本总司令所辖地区内之日本陆海空军及辅助部队，立即各就现在驻地及指定地点静待命令，凡非蒋委员长或本总司令所指定之部队指挥官，日本陆海空军不得向其投降缴械，及接洽交出地区与交出任何物资。

3. 对本总司令所辖地区内所有日本陆海空军及辅助部队之武器、弹药、航空器、船舰、商船、车辆及一切交通通信工具，飞机场，海港码头，工厂，仓库，物资与一切建筑物暨军事设施以及文献档案情报资料等，应立即妥为保管，不得移动，并应绝对保持完好状态，由冈村宁次将军负其全责，听候本总司令派员接收。

4. 对本总司令所辖地区内所有日本陆海空军其辅助部队，应各就现驻地负责维持地方良好秩序，直至蒋委员长或本总司令所指定之部队及负责长官到达接收为止。在此期间内，绝对不得将行政机关移交非蒋委员长或本总司令所指定之行政官吏或代表人员。

5. 对本总司令所辖地区内同盟国被俘人员及被扣官民，应立即恢复自由，并充分供给其衣食住行及医药等，并准备遵照本总司令之命令送到指定地点。

四、为监视日军执行本总司令之一切命令起见，特派本部副参谋冷欣中将先到南京设立本总司令部前进指挥所，凡冷欣中将所要求之事项，应迅速照办。

五、冈村宁次将军亲自向本总司令接受有关日本陆海空军投降实施正式手续及蒋委员长之详细命令之时间及地点，俟盟军统帅麦克阿瑟将军接受日本总投降后，另行通知。中国战区中国陆军总司令一级上将何应钦。附中国战区各区受降主官分配表一件［略］。本备忘录交冈村宁次将军之总参谋副长今井武夫将军转送冈村宁次将军。[①]

21 日下午 19 时，今井将芷江第 1 次洽降会议内容及经过详细地向冈村宁次做了汇报。

22 日，何应钦指派中美专家多人前往戒备森严的今井住所，就许多问题询问今井等人。陆军军官询问的是一些投降缴械的技术问题，空军军官询问的则是日本航空机的接收办法等等。

---

① 国民政府国防部史政局及战史编纂委员会档案，中国第二历史档案馆藏。

22日、23日，何应钦先后派人将中字第2至第4号备忘录送给今井武夫转交冈村宁次。

23日14时50分，何应钦在办公室召见今井，陪同召见的有萧毅肃、冷欣、蔡文治及美军柏德诺、纽克洛等人。在场的新闻记者仅中央社记者和美国记者各1人。被召见的日方人员，除今井和他的翻译进到办公室外，桥岛、前川在室外等候。今井走到办公室时，首先向何应钦等人鞠躬行礼。

何说："21日下午，萧毅肃参谋长交给你的中字第1号备忘录以及我派人送交你的中字2、3、4号备忘录，你都收到了吗？"

今井答："都收到了。"

何说："我已决定你仍乘原机返回南京，望你转告冈村宁次将军，带去的4件中字备忘录要切实照办！"

今井答："一定转达。关于备忘录的内容，敝总司令部奉到东京大本营命令后，立即执行。"

何说："我已决定26日至30日这段时间空运部队至南京，望转告冈村宁次将军准备一切。"

今井鞠躬答："是。"

何最后说："今天就谈到这里，你可以返回南京了。"今井深深地一鞠躬后退出来，与桥岛等人回到住所，准备启程。23日下午，待今井等人启程返回南京的消息传出后，芷江的群众再一次聚集在机场道路两旁及四周，中外记者亦纷纷赶到机场。16时，今井乘坐的飞机升空后，早已在天空盘旋的中国战区6架野马式飞机围成一圈，他们的任务是护送日机至常德上空。中国战区的孙桐岗、陈昭凯、张文杰3名校级军官，与今井同机飞往南京。

23日晚，何应钦在中国陆军总司令部招待所空地上举行了一次西式宴会。他的首席客人是美军麦克鲁上将，其次是30名美国军官以及中国战区高级将领，中国政府各部会的代表，几十位中外记者也参加了。何应钦在宴会上作了一番演说，内容大意是：他对美、苏、英给予中国精神与物质上的支持与援助表示感谢，尤其是对已故美国总统罗斯福和现任美国总统杜鲁门对世界和平的领导和贡献表示敬佩。对美国帮助中国训练部队、补充部队武器装备及派遣大批军官士兵帮助中国作战，尤应感谢。同时对中国官兵的英勇作战表示赞赏，对中外新闻记者不顾枪林弹雨前来采访、进行真实报道表示感谢。麦克鲁在宴会上也作了简短演说。

晚 9 时，宴会散席。

历时 3 天的中国战区芷江洽降会议到此结束。

何应钦部署各地区受降

8 月 20 日，中国陆军总司令部全体人员在何应钦率领下，由云南昆明转移到湖南芷江。何来芷江后，一方面令萧毅肃与今井武夫办理洽降事宜，另一方面则部署各地区的受降工作。22 日，何应钦召集各方面军司令官、部分战区长官以及海、空军负责人开会，出席会议的有萧毅肃、王耀武、卢汉、杜聿明、张发奎、邱维达、汤恩伯等人，讨论的问题主要是各地受降区的划分及受降部队的派遣等。22 日晚，何应钦又召开顾问和各部门接收代表会议，讨论的主要问题是接收日方及伪政权的财政、金融、文化教育、交通航运、工厂矿产、工商管理、司法警察等。

26 日，何应钦根据蒋介石的指令，将中国战区划分为 16 个受降区：

1. 北越地区：由第 1 方面军司令官卢汉为受降主官，指挥第 52、60、62、93 军，暂编第 19、23、93 师等，负责接收越南北纬 16 度以北地区。日军投降代表为第 38 军司令官土桥勇逸，投降部队主要有第 38 军所属第 21、22 师团，独立 34 旅团及其他部队。受降地点在河内。

2. 汕头地区：由第 7 战区司令长官余汉谋为受降主官，指挥第 7 战区所属部队，负责接收曲江、潮州、汕头等地。日军投降代表为第 23 军司令官田中久一，投降部队有汕头支队，第 104、129 师团，第 130 师团的一部分。受降地点在汕头。

3. 长衡地区：由第 4 方面军司令官王耀武为受降主官，指挥第 71、100 军及原在长沙、衡阳地区的部队，负责接收长沙、衡阳、岳阳等地。日军投降代表为第 20 军司令官坂西一良中将，投降部队为第 20 军所属第 64、68、116 师团，独立 81、82、86 师团，独立第 17 旅团，独立警备第 2 队等。受降地点在长沙。

4. 南昌九江地区：由第 9 战区司令长官薛岳为受降主官，指挥所辖部队及第 73 军，负责接收南昌、九江等地。日军投降代表为第 11 军司令官笠原幸雄中将，投降部队为第 11 军所属第 13、58 师团，独立第 22、84、87 旅团，步兵第 7 旅团。

受降地点在南昌。

5. 杭州厦门地区：由第 3 战区司令长官顾祝同为受降主官，指挥所属部队，负责接收嘉兴、金华、杭州、宁波、厦门等地。日军投降代表为第 13 军司令官松井太久郎中将，投降部队是第 133 师团，独立第 62、91 旅团，厦门特别根据地队。受降地点在杭州。

6. 上海南京地区：由第 3 方面军司令官汤恩伯为总受降官，指挥新 6 军、第 74 军，负责接收上海、南京等地，在沪、宁两地举行受降仪式。

其中，上海区日军投降代表为第 13 军司令官松井太久郎中将，投降部队是第 13 军所属第 27、60、61、69 师团，独立第 89、90 旅团，上海根据地队，上海海军特别陆战队。受降地点在上海。

南京区受降主官为新 6 军军长廖耀湘。日军投降部队为第 6 军所属第 3、34、40、161 师团，独立第 1 警备队，投降代表为第 6 军司令官十川次郎。受降地点在南京。

7. 武汉宜昌沙市地区：由第 6 战区司令长官孙蔚如为受降主官，指挥所属部队，负责接收武汉、宜昌、沙市等地。日军投降代表为第 6 方面军司令冈部直三郎大将，投降部队是第 6 方面军所属第 116、132 师团，独立第 17、83、85、86、88 旅团，步兵第 5、11、12 旅团，扬子江特别根据地队。受降地点在汉口。

8. 徐州安庆蚌埠海州地区：由第 10 战区司令长官李品仙为受降主官，指挥所属部队，负责接收徐州、安庆、蚌埠、海州等地。日军投降代表为第 6 军司令官十川次郎，投降部队有第 65、70、131 师团，步兵第 6 旅团。受降地点在蚌埠。

9. 平津地区：由第 11 战区司令长官孙连仲为受降主官，指挥新 8 军和第 30、31、40 军，负责接收天津、北平、保定、石家庄等地。日军投降代表为华北方面军司令官根本博中将，投降部队有华北方面军所属第 118 师团，独立第 1、2、8、9 旅团，步兵第 2 旅团，独立第 3、5、7 警备队及华北特别警备队，部分驻蒙军队。受降地点在北平。

10. 山东地区：由第 11 战区副司令长官李延年为受降主官，指挥山东挺进军，第 19 集团军所属第 12、97 军，负责接收青岛、济南、德州等地。日军投降代表为第 43 军司令官细川忠康中将，投降部队为第 43 军所属第 47 师团，独立第 5 旅团，步兵第 1 旅团，独立第 9、11、12 警备队，青岛特别根据地队。受降地点在济南。

11. 洛阳地区：由第 1 战区司令长官胡宗南为受降主官，指挥第 1 战区所属部队，负责接收洛阳。日军投降代表为第 12 军司令官鹰森孝中将，投降部队为第 12 军所属第 110 师团。受降地点在洛阳。

12. 山西地区：由第 2 战区司令长官阎锡山为受降主官，指挥第 2 战区所属部队及第 1 战区的 3 个军，负责接收山西省。日军投降代表为第 1 军司令官澄田徕四郎中将，投降部队有第 1 军所属第 114 师团，独立第 3 旅团，步兵第 10、14 旅团，独立第 4 警备队。受降地点在太原。

13. 热河察哈尔绥远三省地区：由第 12 战区司令长官傅作义为受降主官，指挥第 12 战区所属部队，负责接收热河、察哈尔、绥远三省。日军投降代表为驻蒙军司令官根本博，投降部队是部分驻蒙部队。受降地点在归绥。

14. 郾城许昌商丘地区：由第 5 战区司令长官刘峙为受降主官，指挥第 5 战区所属部队，负责接收郑州、开封、新乡等地。日军投降代表为第 12 军司令官鹰森孝，投降部队是第 12 军所属第 115 师团，独立第 92 旅团，独立第 4、6、13、14 警备队。受降地点原定许昌，后改在郾城。

15. 台湾澎湖地区：由台湾行政长官陈仪为受降主官，指挥所属部队，负责接收台湾、澎湖等地。日军投降代表为第 10 方面军司令官安藤利吉，投降部队有第 10 方面军所属第 9、12、50、66、71 师团，步兵第 65、66、100、103、105、120 旅团及其他部队。受降地点在台北。

16. 广州海南地区：由第 2 方面军司令官张发奎为受降主官，指挥第 46、64 军，负责接收雷州半岛、海南岛等地；同时指挥新 1 军、第 13 军，负责接收广州、香港（后改为英国接收）等地。日军投降代表为第 23 军司令官田中久一，投降部队是第 23 军所属第 104、129、130 师团，独立第 23 旅团，步兵第 8、13 旅团，雷州支队，海南警备府部队，香港占领地警备部队，香港防卫队，香港特别根据地队及其他部队。受降地点在广州。

关于香港受降：根据同盟军总部及中国战区最高统帅的命令，香港应由中国战区第 2 方面军司令官张发奎将军主持受降。英国目无盟军总部命令，也不遵守第二次世界大战中同盟国共同签订的宣言——《大西洋宪章》《开罗宣言》《波茨坦公告》。随着日本失败投降，英国已计划在中国沿海登陆，以保护其在华利益。英国驻华大使薛穆尔声称：一个主权国家有权不顾战区的界限，重占其领地。英国已经在准备接管香港的主权，接受日军投降。

8 月 16 日，蒋介石电询美国总统杜鲁门，杜鲁门直言不讳地告诉蒋介石：

美国已经告诉英国首相，美国不反对英国在香港接受日本投降；英国在香港的主权是无疑的，并劝蒋介石不要坚持自己的意见。22 日，蒋介石致电麦克阿瑟，要求以中国战区最高统帅名义授权一位英国将领，代表他在香港接受日军投降。英国通过驻华大使表示坚决反对。23 日，蒋介石再电杜鲁门：要求以中国战区最高统帅名义授权英国海军哈考脱少将在香港主持日本投降仪式，并派中美军官各 1 人参加。这样，在美国纵容下，香港主权又从日本帝国主义魔掌中转到英国之手。

中国各战区官员只有少数人到芷江参加洽降，鉴于这一情况，何应钦决定赴各地转告洽降经过和部署受降工作。27 日，何应钦在钮先铭等人陪同下飞往湖北恩施，召见第 6 战区孙蔚如等人；飞往安康，召见第 5 战区刘峙等人；飞往西安，召集第 1 战区胡宗南，第 11 战区孙连仲及第 2、12 战区在西安开会的代表，向他们通报了中国战区致冈村宁次备忘录的内容及各地受降任务。28 日上午，何应钦在西安举行记者招待会，介绍了中国战区受降部署及受降工作进展情况。同日午间，何应钦等人返回芷江。

30 日，何应钦等飞往昆明，向第 1、2、3 方面军指示受降工作，9 月 1 日返回芷江。5 日，芷江各界人民召开庆祝抗日战争胜利大会，何应钦在会上发表演说："回忆中国八年抗战，全国军民精诚团结，在险恶重重的环境中，艰苦奋斗，无数忠勇将士，流血牺牲。千百万受难同胞，流离转徙，半壁大好山河，破碎沦陷。广大后方的城镇，严重破坏，桂林、柳州、独山、衡阳等城市，夷为平地。但大家同仇敌忾的心情，依然坚定不移。台湾等地，在五十年后重回祖国怀抱，这是令人欢欣快慰的事情。在抗日战争中，苏联、美国对中国各种援助和鼓励，我们应该永志不忘。"

9 月 8 日上午，何应钦等一行乘"美龄"号专机离开芷江，飞往南京。

七

南京举行中国战区受降仪式

从芷江到南京

1945 年 8 月 24 日，何应钦收到冈村宁次的电报 :“今井武夫一行及中国方面校官三人已于二十三日下午八时抵达南京。中国战区带来的第一至四号备忘录均收到，我将遵照执行。中国战区拟在南京设立前进指挥所，希望迅速前来，其飞行时间、高度、路线、机种、架数望事先告知，以便对冷欣将军一行采取保卫安全措施。至于他们到达南京后的住宿、办公地点、交通工具、警卫工作等项，我已作出了全面安排。南京机场仍甚完好，可供你们使用，已由孙桐岗亲自检查、布置，并与芷江机场建立了无线电联系。”为了进一步了解南京机场的情况，筹设空中站，何应钦于 25 日派空军第 1 路军司令张廷孟飞抵南京。26 日，张廷孟致电何应钦，报告南京机场完好，可以使用。当晚，中国陆军总司令部前进指挥所 159 人、新 6 军前进指挥所 52 人在陆军总司令部礼堂听何应钦训话。27 日上午，前进指挥所全体人员分乘美军运输机 7 架飞往南京，途经长沙、武汉，最后在南京大校场机场着陆。同机来南京的中国战区的高级将领有冷欣中将，陈倬、宫其光、李人士、舒适存、林秀栾、黄瀛、曹大中少将，海军陈容泰少将，叶夷冲、傅克军上校，参议顾毓琇、刁作谦、邵毓麟等。当冷欣走下飞机时，恭候在机场多时的今井一行 5 人，手执冈村宁次的名片迎上前去热烈欢迎。接着冷欣将军向全体官兵作了简短的讲话，在日军的帐篷内休息一会后，即乘自带的吉普车驶向华侨招待所。冷欣等人在招待所刚刚住下，今井等 4 人便到招待所拜会。冷欣面交 3

件中字备忘录，请其签收并认真执行。今井回答：“谨遵办理。”

27日下午，冷欣一行专程前往中山门外的中山陵园谒陵，在孙中山坐像前肃立默哀。

当晚，日方来人到冷欣住处，转达冈村宁次的意见，冈村宁次于28日上午在日军总司令部会晤冷欣，理由是冈村宁次是大将，冷欣是中将，应由冷欣先去会见冈村宁次。冷欣的代表反驳说：日本是向中国投降的战败国，与平日国际间对等交涉不同，遂当面予以拒绝。随后，日方又建议中日双方主官在冈村宁次住所（原何应钦住所）会晤。中方代表仍坚持中日主官会晤不能安排在冈村宁次私宅，建议冈村宁次来招待所会谈，中方主官到会议室门口欢迎。日方代表请示冈村后，答复同意这样安排。28日上午，冈村在今井、小笠陪同下，来到招待所拜会冷欣。冷欣及其随员邵毓麟、陈倬等在会议室门口迎接，并互敬军礼，然后双方举行会谈。冷欣将中字6至13号备忘录面交冈村宁次亲收，日方送呈涉外委员会业务分工表一份（今井为委员长，小笠、尾川、延原、船山等为委员，小笠负实际责任）。双方会谈内容摘要如下：

冷欣说：“我是奉中国陆军总司令何应钦上将命令，来此设立前进指挥所，在何总司令未抵南京前，我随时传达他的命令，并为受降会作一切准备，希望你们切实照办，给予一切方便。何总司令给你们的第1至5号中字备忘录，你们是如何执行的，请写出书面报告，以便转呈何总司令。”

冈村说：“所有详情，都由今井总参谋副长负责，此事已责成他办理，由他向你们提出详细的书面报告。”

冷说：“我带来了中字第6至13号备忘录，现交给你们，希望切实办理，以免贻误时机，并将办理情形，随时告诉我。”

冈村说：“自当秉承何总司令的计划办理。我遵照本国政府命令全权处理一切，但完全以贵国为对象，不须以中美联军为对象。”

冷说：“美国与中国是同盟国，目前一切交通治安，还望你们负责维持。”

冈村说：“我已下令日军停止作战，但摩擦仍时有发生，至今日军已伤亡五百余人，所以交通的维持非常困难。重要都市的治安会尽力维持的。”

冷说：“上海、南京、北平、天津、汉口、青岛、广州、香港等重要城市，务请特别注意。”

冈村说：“以后今井以下幕僚，常与你们会面，我想移驻乡下，把总司令部房子空出。为了方便双方的联络，日方联络人员仍留在南京。”

冷说：“准备移驻什么地方？”

冈村说：“吴淞，以加强船舶的集中管理，但绝不进入上海。”

冷说：“请暂缓移动，等转报何总司令后再作决定。”

冈村说：“报载国民政府10月10日还都，我想让出房屋给你们办公，9月底迁移完。”

冷说：“待报何总司令核示后再作决定。”

今井插话说：“何总司令究竟什么时候抵南京？”

冷说：“待我获悉确切日期后再通知你们。”

会谈结束后，冷欣立即将日军总司令部移迁吴淞一事向何应钦报告，何应钦旋即回电：希转饬冈村将军，在未得本总部许可前，冈村本人及其总部，不得离开南京。冷欣将何电文的内容转告冈村，冈村无可奈何，只得仍旧留驻南京。

28日下午，冷欣在前进指挥所召开负责人会议。他介绍与冈村会谈的情况，讲解了中字第6至13号备忘录有关内容，要求大家做好各自的工作。经研究，决定了新6军来南京后的驻防问题，即军部与第14师师部驻南京，该师派1个团驻浦口与六合，另派1个团驻守南京到马鞍山一线；新22师驻镇江、常州、扬州。当晚，冷欣向何应钦与新6军军长廖耀湘电告了此事。从30日开始，新6军先后分批抵达南京。

受降签字仪式原拟在国民政府礼堂举行，由新6军副军长舒适存少将、高参王连庆少将筹备。后经几度磋商，最后择定黄埔路中央军校大礼堂，负责人改为工兵指挥官马崇六少将。9月2日马抵南京后，即与陆军总司令部第4处处长刘措宜共同布置受降典礼会场。5日，廖耀湘飞抵南京，第14师师长龙天武等人也同机到达。随之而来的是重庆众多的接收大员，无数大小商人也一窝蜂地涌进了南京。为了强化南京的治安，加强戒备，经何应钦批准，南京警备司令部成立，由龙天武师长兼任司令。

冷欣根据密报获悉，冈村宁次可能在日军投降签字时当场剖腹自杀，以报效天皇。冷欣一方面火速电告何应钦，另一方面又秘密与今井武夫联系，要他采取预防措施。

6日，萧毅肃自芷江飞抵南京，旋即召开会议，传达了何应钦于8日抵达南京以及中国陆军总司令部迁入中央军校原址等事项。会上，冷欣汇报了两个问题：

（1）受降典礼仪式由于礼堂容量有限，邀请出席的人员规定武官少将以上，文官简任以上，党务工作者为中央委员和省市主任委员以及陆军总司令部的中校以上官佐。同时电呈何应钦，除美国驻华人员外，其他国家来宾的职级请重庆速电复，以便签发请帖。（2）冈村已有书面请求，要求到机场迎接何应钦将军。冷欣的汇报还没有完，会场上便七嘴八舌，一片喧哗，与会者议论纷纷表示反对，连美军包特纳少将也不例外。萧毅肃将此事电告何应钦，请他决定。何应钦复电，准许冈村宁次等5人站在机场的另一端。8日上午，南京各机关、团体、学校的代表赴明故宫机场迎接何应钦，还有大批自动去机场观看的人群。在机场休息室等候迎接何应钦的有中国党政军要人,以及各同盟国军事代表团成员。上午11时15分，欢迎的人群有秩序地排列成行，30多名新6军士兵组成的仪仗队排在最后。中午12时左右，何应钦乘坐“美龄”号专机（该机驾驶员是中国第一位横渡大西洋的衣复思），在9架战斗机的护卫下在机场降落。萧毅肃第一个走上飞机，中外记者、摄影记者纷纷涌向机旁。不一会，何应钦等走下飞机，2位女学生代表南京市民向何应钦献花和一幅红底黑字“日月重光”的锦旗，另1位女学生则代表国民党南京特别市党部献一幅“党国干城”的锦旗。站在机场外面的群众挥舞着国旗，大声欢呼。何应钦手持鲜花向大家致意，并任摄影记者摄影，很快便乘车径赴中国陆军总司令部。

8日下午，何应钦在陆军总司令部召集军政要员开会，听取冷欣等人关于受降盛典准备工作的汇报；汤恩伯关于上海地区情况和受降准备进度汇报；江苏省省长王懋功、南京特别市市长马超俊分别关于江苏、南京工作进展情况的汇报；顾祝同关于第3战区部队推进情况的汇报；廖耀湘关于南京治安和日伪军情况的汇报；陈容泰、孙桐岗分别关于日海军、空军在南京情况的汇报；邵毓麟、顾毓琇分别关于伪组织和日本经营的工商业及财政金融机构情况的汇报等等。何应钦听完汇报后，作了简短讲话。他首先阐述了蒋介石对日政策；其次是在接受日军投降和处置伪组织伪军的时候要遵守的纪律，对日军缴来的军械物资要认真清点并要妥为保管，防止破坏、转移，严禁私自处理与侵吞；再次要求各部门入城后，要提高警惕，严格军、风纪，保持机动性，不要以为日军投降，就天下太平无事了。随后，何应钦在陆军总司令部礼堂举行中外记者招待会，出席招待会的有萧毅肃将军，美军麦克鲁将军、柏德诺将军等人。何应钦发表讲话：“记得二十六年十一月二十六日，我们离开首都的那天，我们都有一个沉痛的决心和坚强的自信，我们一定要奋斗到底，获得最后的胜利，重新回到首都。果然在领袖蒋委员长英明领导下，全国军民一致的努力、盟邦的协助，经过八年的艰苦抗战，终于获得光荣的胜利，重新回到首都，内心自然是无限的兴奋和愉快。同时想到这八年来为抗战而牺牲的将士和同胞，沦陷区同胞八年来所遭遇的痛苦，又不胜其感念。今天回到首都，首先代表蒋委员长对沦陷区同胞和死难军民的家属表示恳切的慰问。我们的胜利不是侥幸，不是偶然，今日的目标，惟在如何建设我们的国家，使成为一个真正富强康乐之国，来共同担负起安定东亚、维护世界永久和平的任务，这是今后全国同胞应共同努力的。”①

记者问："中国战区受降地区、时间是否已确定？"

何说："中国战区受降签字的时间已定于9月9日9时，签字地点在中国陆军总司令部礼堂。签字程序、参加人员名单已定。"

记者问："日本投降代表是多少人？谁代表日军陆、海、空军签字？"

何说："日本投降签字代表共计7人，冈村宁次将军代表侵华日军陆、海、空军签字。"

记者问："需要多长时间解除日军武装？"

何说："中国战区大约需要3个月时间。"

受降典礼环境布置

中国战区受降典礼选择在南京，其原因有两点：(1)南京在抗战前为中国政府的首都，抗战胜利后仍定为中国政府的首都，具有历史意义；(2)1937年12月13日，日军侵占南京后制造了震惊中外的南京大屠杀，南京是遭受日军暴行最惨的城市，所以在南京举行受降典礼较为适宜。同时，南京是中国的六朝古都，又是中国国民政府所在地，街道宽阔整洁，绿树成荫，现在又是中国陆军总司令部所在地。

1945年9月9日，南京城披上了节日的盛装，到处喜气洋洋，人们像过节日一样兴高采烈。一些主要街道均用松柏枝扎起彩色牌楼，牌楼上悬挂着中国国

① 国民政府国防部史政局及战史编纂委员会档案，中国第二历史档案馆藏。

旗和国民党党旗，红色的“V”标记在两旗之间，牌楼中间嵌着“胜利和平”4个金色大字。黄埔路中央军校的门楼上书写的“和平永奠”、“中国陆军总司令部”等字样亦镶嵌于松柏枝间。中国陆军总司令部广场四周旗杆林立，旗杆顶端竖着联合国52个国家的国旗，迎风飘扬。每个旗杆下面，并排站着1名武装士兵和1名宪兵，他们头戴钢盔，脚穿皮鞋，身穿哔叽制服，手戴白手套，紧握冲锋枪。后来，这52面联合国国旗分别赠送各国驻华使馆保存，留作纪念。

中国战区受降典礼礼堂的前面有一幅用松柏枝扎的匾，上书“和平永奠”4个金色大字，巨幅中国国旗竖立在上边，显得特别醒目。礼堂的正门上悬挂着中、美、英、苏4国国旗，入口处设有来宾签到处。各个入口处都有士兵和宪兵守卫，戒备森严，气氛严肃。礼堂中央的街上挂着孙中山遗像，遗像两旁是中国国旗和国民党党旗，遗像下面点缀了红色“V”符号与“和平”两字。遗像对面墙上挂着中、美、英、苏4国领袖的肖像。礼堂正中木梁悬挂着中、美、英、苏4国国旗，大旗下为日本投降代表签字的地方，用淡蓝色的布围成“凵”形状。靠近遗像一方放置一张长桌，上铺白布，为受降席，受降席的上方悬挂着4盏巨型银光灯，耀眼夺目。受降席的对面为投降席。在受降席和投降席后面，各肃然挺立8名武装士兵，警卫着会场。签字台两旁是参观盛典的中外来宾和新闻记者、摄影记者。楼上是中外一般官员的观礼席，共计200余人，加上室内外仪仗队及担任警卫的士兵，约1000人。

受降签字仪式经过

日军投降签字前，中国陆军总司令部致冈村宁次的中字第17号备忘录中指出：“根据盟军最高统帅麦克阿瑟将军规定：（1）日军缴械时，不举行收缴副武器之仪式；（2）日军代表于正式投降时，不得佩带军刀；（3）凡日军所有军刀，均应与其他武器一律收缴，一俟正式投降，日军即不得再行佩带军刀。以上规定，在中国战区一律适用。”①据此，中国战区决定在日军投降签字那天解除他们的军

① 国民政府国防部史政局及战史编纂委员会档案，中国第二历史档案馆藏。

刀，并将冈村宁次、小林浅三郎、今井武夫的军刀，分别献给何应钦、萧毅肃和冷欣。

冈村宁次接到中字第 19 号备忘录后，方知中国战区对日军投降地点、时间及日军投降代表签字人与出席人员都做了安排。但他违反无条件投降规定，一再要求中方提示签字时出示证明文件应载明的事项，希望事先了解投降书内容。关于日军投降书内容及日军投降签字后中国战区最高统帅颁发的第 1 号命令抄件，经向何应钦请示同意后，由冷欣派员于 9 月 8 日晚秘密送给冈村宁次阅读，并约定:（1）不许抄录;（2）不准提修改意见;（3）不得于签字前宣扬。阅后随即取回。

9 月 9 日，是举世瞩目的中国战区日军投降签字典礼的日子，在签字台左侧就座的有汤恩伯、王懋功、李明扬、郑洞国、冷欣、廖耀湘、舒存适、蔡文治、彭孟缉、马崇六、白雨生、卢致德、金壁奎、宫其光、龙天武、李涛、陈倬、弁廷芳、谷正纲、李惟果、丁惟汾、葛敬恩、顾毓琇、邵毓麟、卓衡之、马超俊、孙天放、赵思尧、刁作谦、陈行、纽先铭等人和中国新闻、摄影记者。右侧就座的有美国陆军麦克鲁将军、柏德诺将军，海军迈斯少将以及英国海思中将、法国保义上校。此外还有加拿大、苏联、荷兰、澳大利亚等国军官 10 余人，加上外国新闻、摄影记者和楼上中外军官 100 余人，共计 400 余人。其中，中国军官 219 人，文职官员 51 人，记者 52 人；同盟国家代表 47 人；外国记者 36 人（这是参加受降工作人员提供的数字,但当时的《中央日报》报道有千余人参加会议）。日军投降签字仪式整个过程，完全按中国战区的预定方案进行：

8 时 43 分，中外新闻、摄影记者在会场外面等待，准备照相。

8 时 45 分，日本投降代表冈村宁次等 7 人分乘 3 辆小车，由中国军训部次长王俊中将引导来到中国陆军总部，在广场下车，中外记者争相拍照。日军投降代表都哭丧着脸，王俊将他们引至礼堂左侧的休息室。

8 时 50 分，中外记者进入会场，各依次坐下。大典筹备处主任马崇六将军为记者们提供方便条件。何应钦答应记者的要求，派专机将他们的通讯稿及时送往重庆，尽快使受降典礼盛况和广大读者见面。

8 时 56 分，礼堂的水银灯全部打开，整个大厅光芒四射。中国陆军总司令一级上将何应钦率领受降官 4 人走进礼堂，全场中外来宾肃立迎接，摄影记者纷纷拍照。何应钦坐在受降席的中间，左边为海军上将陈绍宽、空军上校张廷孟，右边为陆军二级上将顾祝同、陆军中将萧毅肃。翻译王武上校立于何应钦身后。

8时58分，由王俊中将引导日军投降代表冈村宁次等7人从礼堂正门入场，记者们纷纷围上去摄影。日军投降代表站在受降席桌前，脱帽向何应钦等人作45度鞠躬，何应钦欠身作答，并命坐下。冈村宁次坐在投降席的中间，左侧为中国派遣军总参谋长陆军中将小林浅三郎、中国派遣军总参谋副长陆军少将今井武夫、中国派遣军参谋陆军中佐小笠原清，右侧是中国方面舰队司令官海军中将福田良三、台湾军参谋长陆军中将谏山春树、第38军参谋长陆军大佐三泽昌雄。翻译木村辰男立于冈村宁次后面。冈村宁次将军帽放在桌上，其他人却拿在手中。待日军投降代表坐定，何应钦宣布，记者可以摄影5分钟。这时中外记者在场内忙碌不迭。

9时4分，何应钦命令冈村宁次交验签降的证明文件，冈村命小林浅三郎呈递。小林离席走到何应钦面前，先鞠躬，后呈交日本大本营授予冈村宁次代表签降的全权证书和有关文件。何检视后将证明文件留下，旋将日本投降书中文本2份，由萧毅肃转交冈村宁次，冈村起立双手捧接。日本投降书的签字，要求用正楷签署。冈村一面匆匆翻阅降书，一面手握毛笔，小林在旁磨墨，在2份降书上签上

中国战区受降席与投降席座次表

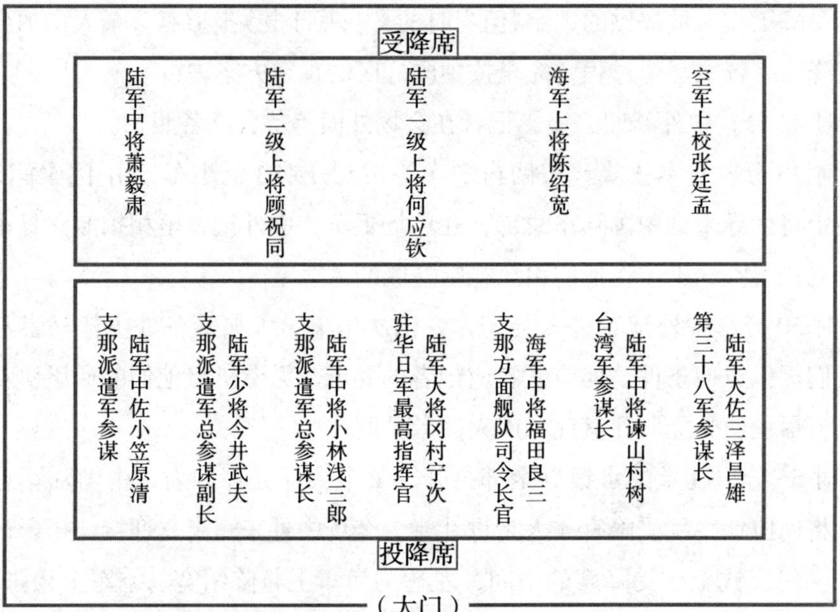

冈村宁次的名字（时间为9时7分）。冈村签完字，从右口袋取出一枚圆形水晶图章，盖在亲笔签名的上面（印章的位置略向右倾斜）。随后，冈村一面命小林将降书呈递何应钦，一面向何点首，示意日本业已无条件投降。小林按冈村的吩咐，手捧降书2份走到受降席前，双手呈递何应钦。何检视后在降书上签名盖章，旋将1份降书交萧毅肃，命萧转给冈村宁次（时间为9时9分）。接着，何又将中国战区最高统帅蒋介石的第1号命令及命令受领证，仍命萧毅肃交给冈村宁次，冈村宁次在受领证上签名盖章后，命小林呈递何应钦。至此受降仪式结束，何应钦宣布日军投降代表退席。

冈村等人退场后，何应钦发表了简短的广播演说："敬告全国同胞及全世界人士，中国战区日本投降签字仪式已于9日上午9时在南京顺利完成，这是中国历史上最有意义的一个日子，这是八年抗战艰苦奋斗的结果，这对东亚及全世界人类和平与繁荣从此开一新的纪元。"很快，何应钦的演说由鲍静安译成英文向世界广播。何应钦讲完即率领受降人员退席，并将签名用的毛笔带走，留作纪念。

9日中午，何应钦在励志社（今中山东路307号）举行酒会，宴请中外来宾，共同庆祝抗日战争的伟大胜利。

当日11时30分，何应钦命令冷欣携带由冈村宁次签字盖章的日本投降书，乘飞机飞往重庆面呈蒋介石，并向蒋介石口头汇报。冷欣于当日下午4时抵达重庆，他先会晤侍从室主任周至柔，再会晤中央党部秘书长吴铁城。10日上午9时，在国民政府礼堂举行的中枢要员纪念周会议上，冷欣将日本降书呈递蒋介石。当天下午，冷欣返回南京，向何应钦复命。

中国陆军总司令部在日军投降签字后发布了第7号公报："中国陆军总司令一级上将何应钦，代表中国战区最高统帅蒋委员长，已于中华民国三十四年九月九日上午9时，在中华民国首都接受日军最高指挥官冈村宁次之投降，并亲交蒋委员长之第一号命令。"[①]中国战区最高统帅的第1号命令内容如下：

1. 根据日本帝国政府、日本帝国大本营，向联合国最高统帅的降书及联合国最高统帅对日本帝国所下的第一号命令，兹对中国战区内中华民国（辽宁、吉林、黑龙江除外）、台湾以及越南北纬十六度以北地区的日本陆、

① 国民政府档案，中国第二历史档案馆藏。

海、空军，颁布本命令。

2. 贵官对上述区域内投降的日本陆、海、空军各地区司令官及所属部队发布下列命令，并保证其完全遵守。

（1）日本帝国政府及日本帝国大本营，已令日本陆、海、空军全部，向联合国作无条件的投降。

（2）在中国境内（辽宁、吉林、黑龙江除外）、台湾以及越南北纬十六度以北地区所有一切日军陆、海、空军及辅助部队，向本委员长无条件投降。凡此投降的日本部队悉受本委员长的节制，其行动须受本委员长或中国陆军总司令陆军一级上将何应钦的指挥，且只能服从本委员长或何应钦上将所直接颁发或核准的命令及告谕，或日本军官遵照本委员长或何应钦上将训令而发的命令。

（3）投降之日本陆、海、空军，即停止一切敌对行为，暂留原地静待命令，所有一切武器、弹药、装备、器材、物资、交通、通讯，及其他作战有关的工具案卷，及一切属于日本陆、海、空军的资产等，予以暂时保管，不加损坏，待命缴纳于本委员长或何应钦上将所指定的部队长官或政府机关的代表。

（4）凡在上述区域，所有日军的航空、舰艇及船舶，除本委员长于第一号告谕中所宣称者外，其他一律恢复非动员状态，停留现地，不得加以损坏。船舰上、飞机上有爆炸物品者，须立刻将爆炸物品移入安全仓库。

（5）日本部队及附属部队的军官，须保证所属严守纪律及秩序，且须负责严密监视其部下，不得有伤害及骚扰人民，并劫夺或毁损有关文化之公私文物及一切公私资产。

（6）关于日方或日方控制区所拘禁的联合国战俘及人民，应作如下的处置：

a. 联合国战俘及被拘人民，在本委员长或本委员长的代表何应钦上将接收以前，必须妥慎照护，并充分供给衣、食、住及医药等。

b. 按照本委员长或本委员长的代表何应钦上将的命令，将战俘及被拘禁的平民送至安全地区听候接收。

c. 凡拘禁联合国战俘及平民的集中营或其他建筑，连同其中所有仓库、器材、案卷、武器及弹药，须听候本委员长的代表何应钦上将，与其指定的代表派员接收，在所派接收人员到达前，各集中营的战俘或被拘平民的详情及地点，列具完备的报告。

（7）除另有命令外，凡向本委员长投降的日军，应继续供给其所属军民衣食及医药物品。

（8）日军及日军控制区的军政当局，须保证下列各事：

a. 按照本委员长或本委员长的代表何应钦上将的命令，扫除一切日方所敷设的地区水雷，及其他陆、海、空交通的障碍物，在此项工作进行中，其安全通道应予标明。

b. 对于航行方面的一切辅助工作，须立刻恢复。

c. 一切陆、海、空交通及运输方面的器材与设备，须保持完好。

d. 一切军事设备及建筑，包括陆、海军航空基地，防空基地、海港、军港、军火库及各种仓库，永久及临时陆上及海岸防御工事要塞及其他设防区域，连同上述各种建筑及设备的计划与图样，须保持完好，并须将一切工厂（场）、研究所、试验所、实验室、试验站、技术资料、专利品计划图样，以及一切制造和发明，直接间接便利作战所用的其他物品，或与作战有关的军事组织所用或意欲运用的物品，保持完好。

（9）凡向一切武器、军火、作战器材的制造及分配，立即停止。

3. 凡向本委员长投降而在中国、台湾（含澎湖列岛）及越南的日军司令部，在接到此项命令后，须即将各该区有关下列各项资料，向中国陆军总司令何应钦上将提出报告：

（1）一切陆、海、空军及防空部队的图表册籍，须标明其所在地及官兵（部队）的实力。

（2）一切陆海军用及民用飞机图表册籍，须完全报告其数量、型式（号）、性能、驻地及状况。

（3）日军及日军控制下的一切海军船只（包括水面、水中及其他辅助船只），不论现役、退役及在建造中者，均须以图表册籍报告其位置及情况。

（4）日军控制下的商船，在一百吨以上，不论现役、退役及正在建造之中，或过去属于任何联合国，而目前在日方手中者，均须列具图表册籍，说明其位置及情形。

（5）拟具详细及完备的报告，连同地图，标明布有地雷或水雷，及其他陆、海、空交通障碍物的地点，同时须指定安全通道的所在。

（6）凡一切日本方面所管理或直接间接利用的工厂、修理厂、研究机关、实验室、试验站、技术资料、专利设计图样及一切军用或间接欲为军用的一切发明、设计图样生产品，及为此项生产而行之设施，其地点及其详情，皆须报告。

（7）凡一切军事设施及建筑，包括飞机场、海军航空基地、海港及军港、军火库、永久及临时的陆上及海岸防御工事要塞，及其他设防区的地位及详情，亦须报告。

（8）并须按照第2条（6）项的规定，报告一切拘禁联合国战俘及平民集中营，或此类建筑的地点，及其他有关情况。

4. 向本委员长投降的各地日军司令部，须遵照各区受降主官的命令，报告各区日侨的姓名、住址，并收缴日侨所有的一切武器。通知全体日侨，在本委员长的代表何应钦上将所指定的官吏未发布处置该项日侨命令以前，须留在其现住地，或指定的地点，不得离开。

5. 日军及日军控制下的一切军政官员，须协助本委员长的代表何应钦上将所指定的军队收复台湾（含澎湖列岛）、越南北纬十六度以北地区，及中华民国境内各日军占领区。

6. 本命令所规定的各项及本委员长的代表何应钦上将嗣后所发布的命令，日军及日军控制下的一切文武官员及人民，须立刻敬谨服从。对于本命令或此后的命令所规定的各项，倘有迟延或不能施行，或经本委员长或何应钦上将认为有妨碍盟军情事，将立刻严惩违犯者及其负责的军官。①

冈村宁次在日本投降书上签字后，他已不再是“支那派遣军总司令”，也不再称为日军驻华最高指挥官。根据中国战区最高统帅上述命令，取消“支那派遣军总司令部”，从9月10日起改称中国战区日本官兵善后总联络部。“支那派遣军总司令”改称中国战区日本官兵善后总联络部长，任务是传达并执行中国陆军总司令部的命令，办理日军投降后的一切善后事宜，不得发布任何命令。各地区的日军司令部也改称为某地区的日本官兵善后联络部，原有官职一律取消，改称

① 国民政府国防部史政局及战史编纂委员会档案，中国第二历史档案馆藏。

联络部长。

10日上午，何应钦在中国陆军司令部召见冈村宁次。中方出席人员有萧毅肃、纽先铭、王武、陈昭凯、陈桂华，美军出席者为麦克鲁。日本方面有今井武夫、小笠原清、木村辰男。谈话内容如下：

何说："1. 我知道你的责任非常重，因为日军在中国战区内有100余万官兵、数十万侨民，他们的生命保障和一切善后问题的解决，责任都在你肩上。我相信你今后善能处理，只要你能切实服从我的命令，遵照我方各项规定，你一定会完成一切善后任务的。

2. 你为完成本身任务而顾虑的几件事，我决定依照下面的原则办理：（1）关于自卫武器的问题，我认为在安全地区，不必留自卫武器，需要借用武器自卫的地方，可以给你们少量的步枪。（2）关于粮食问题，你们自用，我方要派员检查监视，以免浪费。存粮用完后，我方到时当另筹拨。（3）关于运输问题，听说日本国内尚有27万吨船只，但只能作为你们国内运输用。你们大约有200万人回国需用船只，我负责向美国要求调拨，让你们早日返回日本。（4）关于在华技术人员，到时酌情予以征用。

3. 中国的统一强大，对东亚局势的稳定、世界的永久和平有积极作用，所以，日军一切武器器材必须完整地交给我指定的部队长官，不要损坏、散失，更不能落在共产党手里。

4. 我规定的缴械办法，是先集中在一个地区，然后缴存指定的仓库，这些都是为日军在实施上的方便而定的。

5. 我空运各地的部队，到达目的地后，需要大批车辆，你们所有的车辆必须全部交出。至于你们担任联络的高级军官需用的车辆，我们酌情借用。

6. 中国境内各处的日本飞机，应该全部交出，日方通讯联络用的飞机，我已批准给你们留5架。

7. 日方所有交通通信，都由我方接收，你们以后的通信，不允许用密码。

8. 据报，现在你们尚使用一部分中国人做苦工，你们必须马上释放，保证他们自由。

9. 以后发布命令的系统为我方各战区司令长官、各方面军司令官，可以向日军各方面军司令官及军长下命令。关于我方各战区司令长官、各方面军司令官以下的指挥官，可以向日军同级、下级军官命令。

10. 至于你提出的舰艇、船舶的资料不太全，应该迅速提出详细的报告。

11. 以后日本官兵要严守我的命令，不得发生惩罚事情。万一发生，处置办法分三种：(1) 凡犯中国陆军惩罚令者，交你们自行处罚。(2) 轻度犯情者，令你们交出，由我方处罚。(3) 严重犯情者，由我直接惩罚。凡属刑法范围者，应完全由我方办理，因为你们已无军法处置权。

12. 本人有军字第 1 号命令给你。此命令本来于昨夜已办好，因知你今日要来拜见我，故留到现在才交给你。”

冈村说：“自 9 月 9 日签订降书后，即脱离日本政府的节制，完全听从何总司令的命令。

1. 刚才总司令所示各项，都已完全理解。

2. 关于日军武器移交问题，应向总司令说明，8 月 18 日我已规定，通令各部队实施，即中国大陆日军的武器全部缴中国政府，决不交于其他任何地方部队。此事在今井武夫去芷江以前即已规定，当时并未奉中国战区最高统帅的命令，是我方下令实施的。

3. 关于解除武器问题，我完全理解。所谓地域安全，谅无问题，但从维持日军纪律着想，需要少量武器由部分日军指挥官掌握，维持和执行军内纪律。我的意见是在日军还未归国以前，借用少量兵器，以保持日军的军纪与秩序，可否按香港英军对日军接收办法处理。

（何插话：“你将香港方面英军对日军接收办法抄送本部参考，再行决定通知。”）

4. 关于日军粮食和运输问题，承总司令关照，非常感谢。以后一切当遵从总司令指示。

5. 关于技术人员征用问题，如有规定，当遵命办理。

6. 关于汽车与联络用的飞机，承蒙准许。

7. 关于传达命令问题，日军官兵因受精神刺激而逃散，沦为土匪、游民，各区联络拟请仍由我担任，认真履行总司令的命令，以避免不幸事件发生。

8. 关于通信使用的各种密码本，当遵命呈送贵总部。”

冈村宁次接受何应钦的面谕后，即返回住所。

欢庆抗日战争的胜利

1945年8月10日，当日本政府广播接受《波茨坦宣言》的消息传出后，世界人民为之欢呼，同盟国各国举行盛大的庆祝活动。在英国首都伦敦，人们在街头巷尾互相转告战争已经结束，和平业已到来。同时，伦敦还举行了自第一次世界大战以来规模最大的盛会，庆祝世界和平，举行感恩祈祷仪式。在美国首都华盛顿，到处喜气洋洋，市区旅馆、酒吧闭门歇业举行庆祝。8月14日，独立厅的自由钟根据英文“自由”两字是由7个字母组成而鸣7次，表示美国庆祝抗日战争的伟大胜利。独立厅另一座大钟则鸣48次，代表美国48州对抗日战争胜利的祝贺。

在中国，无论是解放区、大后方，还是沦陷区，人人喜笑颜开，个个兴高采烈。人们奔走相告，全国各地狂欢庆祝，举行各种庆祝活动。在陪都重庆，山城人民敲打响锣，绕城游行的队伍狂欢跳跃。在数以万计的游行群众中，国民政府中央研究院历史语言研究所傅斯年教授左手拿着一瓶酒，右手拿一根手杖，用手杖挑起一顶帽子，到街上乱舞。帽子飞掉了，手杖脱手了，他都不知道。他实在太累，叫不响走不动了，才回去休息。在大街小巷，欢呼声与鞭炮声汇成一片，教堂的和平钟声响彻全市。全城灯火辉煌，人们通宵未眠。八年来，中国人民受尽日军的蹂躏、践踏、屠杀，今天目睹日本侵略者的可耻下场，压在心头的忍辱、苦闷、抑郁心情，至此一扫而空。

8月28日，中国政府颁发了庆祝抗日战争胜利的通知：

1. 悬挂国旗3天，同时悬挂美、苏、英同盟国国旗。

2. 放假1天。

3. 各地各界举行丰富多彩的庆祝活动，并可举行火炬游行。

4. 鸣礼炮101响。

5. 教堂、庙宇、工厂、轮船、火车等敲钟击鼓、鸣汽笛3分钟。

6. 盟军的驻地，由地方军政长官出面举行茶话招待会。

7. 发动各界征求实物，组织慰谢队，分赴各处慰问荣军与抗日官兵的家属。

8. 各戏院娱乐场所，一律开放1天，免费招待荣军与抗日官兵的家属。

9. 各地舞厅开放3天，免收门票招待盟军。

10. 各地报纸出庆祝抗日战争胜利的特刊。

9月3日，国民政府陪都重庆举行了隆重的庆祝活动，全城呈现节日的气氛。在交通要道，市民扎了各式各样的松柏牌坊，街头巷尾，到处都是拥挤的人群。市内交通中断了6个小时。各机关、团体、部队、工厂、学校、商店等悬挂国旗，同时也悬挂同盟国国旗。上午9时，各界在市中心区较场口举行庆祝大会，101响礼炮声响彻云霄。11时20分，前有3辆摩托车开道，蒋介石坐的敞篷车紧跟其后，陈诚坐在蒋的旁边，后面吉普车上掌旗官手擎“军事委员会委员长大旗”1面。国民政府要员居正、戴季陶、于右任、吴铁城、冯玉祥、白崇禧、吴鼎昌、吕超、陈立夫、张治中、吴国祯、谷正纲、王缵绪、莫德惠、莫国光、方冶、贺耀组、康心如等人出席了庆祝大会。12时，蒋介石乘车抵达中心路口时，军乐齐奏，仪仗队持枪致敬。蒋介石通过胜利关，取道较场口、民权路，折向过街楼、林森路，凡经过的地方交通堵塞，车队只能缓缓通行。12时30分，6万余人参加的大游行开始，总指挥是王缵绪，副指挥是唐毅、张勋泉。在游行车队中，有荣誉军人代表乘坐的4辆大车，他们都是在抗日战争中光荣负伤的将士；其后的2辆大卡车上，乘坐的全是老妇、老翁、儿童，他们都是出征军人的家属。6辆大卡车每到一地，市民高呼口号向他们致敬。由数十辆吉普车组成的盟军游行车队，坐着美军官兵及其家属，以及英、法与其他盟国的代表。参加游行的还有国民政府五院各部会代表队、工人代表队、农民代表队、商民代表队、学生代表队、军人代表队以及彩灯队、龙灯队、醒狮队等，直至下午3时30分才结束。

蒋介石在庆祝大会上发表了讲话，大意如下：

“全国同胞们：日本已向我们联合国家正式签订降书，世界反侵略战争至今已完全结束。中国八年来艰辛的抗战，到今天才算是达到了最后胜利的目的。今天是薄海腾欢的一天，也是我们全国同胞们在饱受艰难、备尝痛苦之余，应该庆祝鼓舞的一天。全国军民经过八年来无比的痛苦和牺牲，才完成今日光荣的战果。在此从战争到和平的紧要关头，我们正与各盟邦结束五十年日本侵略酿成的险恶局势，共同缔结东亚与世界永久的和平与安全。今后国民政府关于内政方面最重要、最具体措施是：（1）建立三民主义新中国，与民休养生息；（2）实行民主宪政，不容再缓；（3）国家要统一。”

在日本帝国主义铁蹄下生活了50年的台湾同胞，获知日本侵略者投降的消息后，真是高兴无比。他们欢呼、跳跃，庆贺摆脱桎梏，重见天日。他们手执国旗，以能说国语为荣。各地还举行了形式多样的庆祝活动。

八

各地区受降

北平天津地区

（一）受降准备

第 11 战区成立于 1945 年 8 月 1 日，目的是准备对日军进行总反攻，任务是收复华北地区。8 月 18 日，中国战区最高统帅电令第 11 战区司令长官孙连仲上将：

“1. 指派孙连仲为北平、天津、保定、石家庄地区受降主官，指挥所辖新 8 军，第 30、32、40 军，负责接受北平、天津、保定、石家庄地区日军华北派遣军及其直辖部队的投降。

2. 第 11 战区的第 15 军归第 5 战区管辖。第 6 战区第 32 军，第 10 战区第 19 集团军所辖第 13、97 军为第 11 战区序列。

3. 将第 54、94 军空运北平、天津，归第 11 战区管辖。”

8 月 25 日，中国陆军总司令何应钦将军电示孙连仲将军：

“日军投降部队为第 9 旅团，集中天津；华北特别警备队，集中唐山；第 37 战车师团，第 3、8 旅团，集中北平；第 7 警备队，集中保定；第 1 旅团、第 2 步兵旅团，集中石家庄。日军投降代表为华北方面军下村定。投降地点北平。”后日军投降代表改为根本博。

孙连仲将军接到上述命令后，即着手准备受降工作。

首先在北平设立前进指挥所，指派副参谋长吕文贞少将为前进指挥所主任，军务处长刘本厚少将为参谋主任，下设两个军事组、一个党政组与总务组。北平前进指挥所的任务是：(1) 传达本战区受降主官的命令，督促日军从速履行无条件投降；(2) 关于本战区辖境内伪军的调查及处置，并向主官随时提出报告与建议；(3) 为长官司令部及省政府的进驻作准备；(4) 宣传国民政府德威，严密谍报组织；(5) 根据工作的需要，要求日军随时提供一切方便。

随后，第 11 战区司令长官孙连仲在西安命令前进指挥所分期分批进驻北平。9 月 7 日 7 时，前进指挥所主任吕文贞等第一批 21 人由西安机场飞赴北平。同日，第二批 23 人亦由西安机场飞往北平。9 日，全体人员均抵北平，指挥所办公地址设于北平定埠大街。

10 日上午，吕文贞将军召见日方华北方面军司令官根本博中将，作非正式谈话。中方初光中校在场，日方高桥坦中将、渡边渡少将、尾关正尔中佐在场。

吕说："今天因贵官没作准备，且无正式证明身份文件，所以只作一般非正式谈话。在受降部队来接收各地区前，日军要继续努力维持治安。我代表第 11 战区受降主官孙连仲上将来北平办理日军投降。胜利者对能改悔的失败者的宽容，为人类的最高道德。中国是一个伟大的民族，在日军正式投降后，我方对日俘、日侨必依国际公法，保障他们的人身安全。"

根本博介绍了自己以及高桥坦参谋长、渡边渡参谋副长、尾关正尔中佐等人的情况后表示："对北平、天津、保定、石家庄等地的安全绝对负责。今后关于前进指挥所的公文联络，指定高桥坦参谋长为本人的全权代表。贵军何时到达？"

吕说："中国军队到达日期，目前还不清楚，待以后另行通知。"

12 日上午 11 时，北平前进指挥所吕文贞主任在定埠大街迎宾馆召见日军华北司令官根本博的代表高桥坦中将，进行第 1 次正式洽降。其他中方人员有刘本厚将军、刘云楷将军、初光中校以及高卓东、刘漫天、陈开疆、刘之泽、张家铨、施奎龄、何海秋、张伯驹、杨海澜、许少庄、李镜俊、王子恩、张廷楼、黄宗徵等。现场记者包括丁履进、汪松年、马在天、赵光贤、白进文、卜青茂等，其他日方人员有尾关正尔中佐、内山虎雄中尉。

首先双方对参加人员一一作了介绍。接着吕说："我受第 11 战区司令长官孙连仲上将的委托办理日军投降。孙连仲将军的第 1 号备忘录，你们收到没有？"

高桥说："收到了。"

吕："关于指示日军缴降应准备的事情，贵官是否知道并遵办了？"

高桥："全部知晓，尤其是关于华北方面所应准备的事情正在积极遵办。"

吕："贵官根据备忘录在缴降以前准备的文件，是否准备？"

高桥："有准备好的，也有正在下令赶办的。"

吕："本受降区关于军事应准备之事项，现有训令交给你，请你一定照办。"

高桥："是。"

吕："此外，尚有关于一般应准备事项，另有一训令交给你，望照办。"

高桥："是。"

吕："近来闻各地日军有故意破坏武器、仓库，转移武器资料等事发生，深盼以后不许再出现此种事件，贵军司令官应切实负责，防止再次发生。"

高桥："本军已下令严厉禁止，保证以后决不发生。"

吕："本官另给贵官训令一件。"

高桥："谨领遵办。"

吕："贵官已领三件训令，是否已确实了解？"

高桥："已全部明了，当转致根本博将军迅予遵办。"

吕："请贵官签具受领证。"高桥在受领证上签字。

吕："贵官是否还有其他事？"

高桥："有事，请延长时间陈述。"

吕："请你围绕备忘录及训令谈。"

高桥："我军对于北平、天津、保定、石家庄地区，为期交代之完整起见，现在正以全力负责维持治安，对于器具、军需等物资亦完整加以保存，以副贵军的要求；今后一定按接收的要求，所需资料定遵贵军命令准备，如数呈缴。"

吕："今天就谈到这里。"

22 日上午，吕文贞主任第 2 次正式面见日军高桥坦，就事务性事情进行洽谈，地点仍在迎宾馆主任办公室。中方刘之泽将军、初光翻译官在场，日方尾关正尔中佐、内山虎雄翻译官在场。

高桥："由于华北地区情况特殊，要求充分陈述。"

吕："今天纯系事务性会谈，各种问题可以充分发表。"

高桥："现在就谈谈存在的问题：(1)日军及侨民是否能迅速安全撤回国？(2)日侨住的多数是地方民房，为避免与中国军队发生摩擦，确保交通通信安全，由日军自行担任警备为好。中国军队到达后，再逐步移防。(3)日军武装解除顺序，希望先内地后海岸。(4)日军解除武装后，为免发生伙食问题，要求自行起伙。(5)

签字以后，仍由日军负责地方治安。如遇紧急事件，日军可自行调动1个大队以下的兵力，事后呈报，请予认可。（6）日军担任警戒期间，不需要的武器先行呈缴。但必要的武器，如刺刀、军刀等，要求免予收缴。（7）中国特准借用维持治安的武器，请准予携带至乘船地点再缴。（8）日军及日侨回国时间若延长，粮食供应必成问题，如果发生暴乱，请求中国方面援助。（9）华北政务委员会何时取消，取消后在金融、财政方面希望能维持现状。在中日合办的工厂、矿山、企业里，希保留同样数量的人。”

吕："（1）因日军治安需要而保留的武器装备，在中国军队未能确保日方安全前，可以暂行照办。一俟条件改变，即行取消。（2）缴械顺序，同意你们的意见，当代请示孙连仲将军后实施。（3）日军缴械后的食粮问题，由本部兵站负完全责任。（4）关于军刀等，应按中国战区中字第17号备忘录规定办理。（5）日军集中何地，待今后的指示。（6）华北政务委员会的接收办法正在拟办中。（7）工矿企业应以完整状况交还中国。”对其他问题，吕文贞也作了答复。

（二）受降经过

10月10日，中国战区第11战区司令部在北平故宫太和殿前面的广场临时搭建了一座受降会场，会场内外布置庄严肃穆。室内正面墙上悬挂着孙中山遗像，两旁是中国国旗及国民党党旗。四周高悬中、美、英、苏4国国旗及金色的“V”字符号。场内放着两张铺着白色台布的长桌，一张为受降席，一张为投降席。受降席两旁为中外来宾及记者席，出席会议的中外来宾有北平市市长及市政府各局局长，美军司令骆基中将、华顿参谋长，英国代表兰赖那，法国代表马至里，荷兰代表高克等300余人。

当受降主官孙连仲将军偕同前进指挥所主任吕文贞将军、参谋主任刘本厚将军以及高卓东、刘漫天、高松元、隋兆喜、刘云楷、刘之泽、陈开疆、梁同祺、张家铨等将军进入会场时，参加会议的全体人员起立鼓掌欢迎。日军投降代表华北方面军司令根本博中将等21人，在中国军官初光中校引导下步入会场。根本博等先向受降主官孙连仲等鞠躬，然后入投降席依次坐定。

孙连仲将第1号命令及命令受领证由吕文贞转交根本博，根本博在命令受领证上签名盖章后，由高桥坦恭呈孙连仲。旋由日军投降代表依次呈献，21柄军刀放置于签字桌上。孙连仲将军令日军投降代表退席，15分钟的平津地区受降仪式至此结束。

孙连仲等受降主官及中外来宾于太和殿内举行酒会，祝贺抗日战争的伟大胜利。

第 11 战区司令部根据该受降区域的实际情况，分别在下列地区办理日军缴械投降事宜。

1. 北平地区

10 月 16 日，第 92 军被空运北平，旋即接换城防，开展受降任务。该地区受降官为第 92 军军长侯镜如将军。

日军投降代表是第 3 师团长山路秀南中将。投降部队有华北方面军司令部及其直属部队，驻蒙军司令部，战车第 3 师团，第 3 警备队，第 3、8 混成旅团，伊藤支队，北平区辅助部队，兵力约 5 万人。

北平地区的受降是这样进行的：

（1）第 1 期为北平市区，从 11 月 7 日开始，11 日结束。包括北平市西直门、东直门、左安门、右安门等地区，受降官为第 14 师师长刘春岭少将。

日军投降部队有华北方面军司令部及直属部队、驻蒙军司令部、战车第 3 师团司令部及直属部队的一部分、第 3 警备队的一部分以及北平辅助部队的一部分。

（2）第 2 期为丰台区、北郊区，从 11 月 13 日开始，18 日结束。丰台区包括大成山至马鞍山、栗园至八里庄、西直门至沿北平城的左安门一线，受降官为第 21 师师长郭惠苍少将。

日军投降部队为战车第 3 师团、独立步兵联队、战车第 3 师团第 6 旅团、华北方面军直属部队的一部分、战车第 3 师团直属部队的一部分、第 3 警备队的一部分及北平区辅助部队的一部分。

北郊区包括石匣镇至顺义、通县至左安门沿北平城的妙峰山至南苑地区，受降官为第 59 师师长孔海鲲少将。

日军投降部队为独立混成第 2、8 旅团，第 3 警备队，伊藤支队，华北方面军直属部队的一部分，战车第 3 师团直属部队的一部分。

（3）涿县廊坊区、密云南口区，从 11 月 20 日开始。涿县廊坊区包括廊坊、涿县、良乡之间地区，受降部队为第 21 师。

日军投降部队为战车第 6 旅团主力、独立步兵联队、机动步兵第 3 联队主力等。

密云南口区包括门头沟、顺义、南口、密云、通县之间的地区，受降部队为第 56 师。

日军投降部队有独立混成第 3、8 旅团及第 3 独立警备队的一部分。日俘集中于通县及北平郊外。

2. 天津地区

该区受降官为第94军军长牟廷芳。第94军还未抵达天津前，由美国海军陆战队司令骆基中将于10月11日代理受降。直至1946年1月20日，第94军才抵天津主持受降工作，并迅速指挥所属部队解除残余的日军武装。至1月24日，日军武装全部被解除。

日军投降代表是第118师团长内田银之助。投降部队为第118师团、独立混成第9旅团、北支特别警备队、第40工兵联队和天津辅助部队，兵力为4万余人。日军具体缴降情况：步兵第89旅司令部，独立步兵第223、224、225、226、392、403大队，第118师迫击炮队于1946年1月下旬解除武装，日俘集中于天津海光寺、北站等地；第2、3、4、5、8、9、10警备队，高射炮第15联队，野战高射炮第86大队，冀东宪兵队于1946年1月下旬集中解除武装，日俘集中于天津货物厂；独立混成第9旅团司令部、炮兵队、工兵队、通信队，独立步兵第36、37、38、39、40大队，独立铁道第13大队第1、2、3中队于1946年1月下旬解除武装，日俘集中于天津、唐山、沧县、静海。

3. 保定地区

该地区受降官为第4集团军副总司令池峰城，指挥第28军负责受降工作，从12月5日开始，至24日结束。日军投降部队有第7独立警备队、战车第13联队第3中队和保定宪兵队，兵力7357人。投降代表是第7警备队司令冈村胜实少将。

该区日军投降缴械具体办理情况如下：

12月3日，日军独立警备步兵第41大队留守队缴械投降。5日，日军第7独立警备队司令部、独立警卫步兵第37大队缴械投降。12日，日军独立警备步兵第38大队缴械投降。14日、16日和18日，日军独立警备步兵第39、40、42等大队缴械投降。

4. 石家庄地区

该地区受降官为第34集团军总司令李文将军，后来又改为第3军军长罗历戎。从11月20日开始，至1946年1月16日结束。

日军投降部队有独立步兵第2旅团、独立混成第1旅团、战车第13联队第4中队、第1航空教育队、步兵下士官候补队、第161兵站医院、铁道第18联队第3大队、第126停车场司令部、自动车第245中队、轻装甲第3中队、野战自动车厂和野战货车厂,兵力共计 1.1 万余人。至此,平津地区受降工作全部结束,日俘日侨分别集中于各指定地点,等待遣送回国。

洛阳郑州开封新乡地区

（一）受降经过

1945 年 8 月 13 日，中国战区最高统帅命令第 1 战区司令长官胡宗南，以 4 个军驻守关中，3 个军进入山西，与第 2 战区取得联系，监视解除日军武装。蒋介石旋又电示第 1 战区胡宗南，命其负责接收洛阳地区，为该地区受降主官。日军投降部队为第 12 军的一部分，投降代表是第 110 师团长木村经宏中将。

8 月 29 日，胡宗南将宗字第 1 号备忘录交由前线部队转送木村经宏。备忘录的内容如下:（1）第 1 战区奉命接受日军陆军第 110 师团全部及配属部队的投降。（2）木村经宏中将自接到第 1 号备忘录之日起，即执行第 1 战区的一切命令，并指挥第 110 师团及配属部队与辅助部队的投降。（3）木村经宏中将在接受第 1 号备忘录后，应立即下达以下命令：a. 日军第 110 师团及配属部队与辅助部队应立即停止一切敌对行为。b. 日军第 110 师团及配属部队与辅助部队原驻鲁山、临汝、偃师、亘黄河右岸以西地区者，应即向洛阳集中待命；驻东线以东地区者，仍驻原防候令集中。凡非本司令官指定的指挥官或代表，日军不得向其投降缴械及接洽交出任何物资和地区。c. 日军第 110 师团及配属部队与辅助部队及驻地区内日军一切武器、弹药、航空器材、车辆、交通、通信工具、飞机场、工厂仓库物资与一切建筑物、日军军事设施、文献档案、情报资料等都应妥为保管，不得破坏，等待接收。d. 日军第 110 师团及配属部队与辅助部队所驻地区，在第 1 战区的部队未到达前，日军应负责维持地方秩序，并不得将地方机关移交给非第 1 战区指定部队接收。（4）第 1 战区在洛阳设立前进指挥所，以裴昌会中将为主任。（5）木村经宏应速将第 110 师团及其配属部队和辅助部队现驻地区洛阳，及其他各地机场的障碍迅速扫除，保持完好，并通知裴昌会中将使用。（6）木村经宏中将应指定电台与第 1 战区进行联络。

与此同时，第 1 战区命令所属第 40、90 军沿陇海路前进；第 27、28、85 军先后沿卢洛公路，向洛阳前进；新8、15军由镇平、栾川，向襄城、许昌前进；另以第3、16军由韩城东渡黄河，进入山西沿同蒲线北进。

8月下旬，何应钦命令第1战区将受降范围改为洛阳、开封、郑州、新乡地区。在洛阳设立前进指挥所，派该战区副司令长官裴昌会中将出任主任，主持受降工作。日军投降部队为第12军所属第110师团，第6、10独立警备队，第4骑兵旅团，投降代表为第12军司令官鹰森孝中将。

9月3日，第1战区所属第38军抵郑州，除1个师担任郑州警备外，主力于9月5日抵开封。9月8日，第40军抵新乡。第1战区在郑州亦设立前进指挥所，以该区副参谋长李昆岗少将为主任，办理受降工作。第1战区办理受降拟定了如下接收办法：（1）步骤：按郑州、洛阳、开封、新乡等区依次序分别办理。（2）命令日军集中指定地点。（3）拟定各城市接收时间：a. 郑州于9月17日前由第55师接防完毕；b. 开封于9月20日前由第38军接防完毕；c. 新乡等第40军到达后，再行交接；d. 各地区交接以后，警备由中国军队负责，日军仅在其驻地派出卫兵；e. 各地区接防后，日军武装部队车辆的进出都须通知中国警备部队；f. 日军布雷地区应事先清扫或绘图交给接收部队。同时对武器、弹药等项，都做了详细规定。

9月6日，郑州前进指挥所主任李昆岗、作战课课长柏荫寰上校乘飞机抵郑州，当即将“宗郑字第1号备忘录”交给鹰森孝中将。该备忘录内容：（1）第1战区奉中国战区最高统帅蒋介石与中国陆军总司令何应钦命令，接受洛阳、郑州、开封、新乡等地日军第12军司令部直属部队及第110师团，第6、10、14独立警备队及配属部队与辅助部队的投降。（2）第1战区在洛阳、郑州各设立前进指挥所，就近解决日军的投降缴械问题。当时，日军第12军因未接到更改投降地区的命令，故仍与第5战区接洽投降，致使第1战区受降工作延迟。当鹰森孝接到更改投降地区的命令后，即派该军团参谋长中山源夫少将，高级参谋折田大佐，参谋仁本少佐、中泽少佐及翻译到郑州前进指挥所接洽投降。

18日，胡宗南、副长官兼参谋长范汉杰中将同机抵郑州。22日，第1战区在郑州举行简单而隆重的颁发日军投降命令受领仪式。

22日上午，在郑州前进指挥所的大礼堂（即中华圣公会礼堂）举行命令受领仪式。礼堂正面高悬深蓝色布幔，布幔前竖中、美、英、苏4国国旗，悬挂中、美、英、苏盟国领导人肖像。礼堂正面挂着孙中山遗像，中国国旗与国民党党旗分挂两旁。礼堂中间横置一张铺盖白色台布的长方形桌，这是受降席。受降席的对面为投降席。两旁还设有该战区官佐席、部队将领席、来宾席、记者席以及仪仗队等。

8 时 55 分，当第 1 战区司令长官胡宗南上将等受降官进入礼堂时，全体起立鼓掌欢迎。胡在受降席中间就座，左为副司令长官兼参谋长范汉杰中将，副司令长官刘茂恩中将、马法五中将；右为副参谋长李昆岗少将、副司令长官裴昌会中将，翻译李季谷立于胡宗南后面。出席受领仪式的其他人员有集团军总司令李兴中、王仲廉、李竹亭，军长谢辅三、张耀明，师长李奇亨，保安副司令刘艺舟，副主任王超凡，国民党河南省党部书记长刘锡五，陇海路管理局长陆福廷；美军代表包瑞德上校、魏德上校、威尔逊中校、杜美斯上尉、洛克斯上尉、华虚上尉等以及其他官员、新闻记者，共计 70 余人。

8 时 58 分，日军投降代表第 12 军司令官鹰森孝等 5 人在中国陆军第 1 师师长黄正成少将引导下进入礼堂，在受降席前面排成一行，并向受降主官鞠躬敬礼，胡宗南令其坐下。鹰森孝坐在投降席中间，右边为参谋长中山源夫少将、参谋仁本少佐，左边是高级参谋折田大佐、参谋中泽少佐，翻译官立于鹰森孝的后面。

待日军投降代表坐定，范汉杰宣布摄影 3 分钟。鹰森孝面容沮丧，前额低垂，坐在那里呆若木鸡。当记者摄影完毕后，鹰森孝起立说:“本人今日前来拜受命令。”

胡宗南说：“贵官有无证件？”鹰森孝将身份证呈给胡宗南。胡宗南阅后，连同宗字第 1 号命令交范汉杰转递鹰森孝。鹰森孝恭立接受，并在命令受领证上签字盖章，然后呈递胡宗南。

胡说：“希望贵官切实执行我的命令。”

鹰森答：“是。”

胡宗南命令日军投降代表退席。鹰森孝等投降人员站起来集体向胡宗南等人敬礼，退出礼堂。

仪式结束后，胡宗南发表简短的演说。演讲毕，中外观礼人员纷纷向胡宗南道贺。随后，胡宗南率全体受降人员在操场集合举行升旗仪式，郑州市各界上万人参加。

受领证内容如下：

今谨收到中国战区第一战区司令长官宗字第1号一件，当遵照执行，并立即转达所属，及所代表各部队之各级官长士兵遵照。对于本命令及以后之一切命令或指示，本官及所属与所属代表各部队之全体官兵均负有完全执行之责任。日本陆军第十二军司令官陆军中将鹰森孝印。昭和二十年九月二十二日午前九时于中华民国郑州。[①]

日军第 12 军司令官鹰森孝自 9 月 22 日签署投降证后，即与日本大本营脱离一切关系，改称中国战区河南地区日本善后官兵联络部长，接受中国战区的领导。

受领仪式结束后，第 1 战区命令所属部队向日军下列驻地接防：第 12 军司令部驻郑州；第 110 师团驻洛阳，担任河南西部防务及郑洛铁路警备；第 6 警备队驻新乡，担任城防及汴新路警备；骑兵第 4 旅团驻归德，担任陇海东段铁路警备；第 10 独立警备队驻郑州，担任平汉沿线警备；第 110 师团第 163 联队主力及第 6 警备队的一部分驻开封，担任民权以西铁路警备；第 12 军司令部及直属部队分驻郑州、郾城。9 月下旬，第 1 战区所属部队已到上述接防地点，对鹰森孝下达“宗字第 3 号命令”，规定日本军队的防务交由中国军队接替。10 月 3 日，中国军队在各地区的接防任务进行完毕。

日军交防后在下列地区集中：第 12 军司令部及直属部队、第 10 独立警备队集中郑州，第 6 警备队原驻老黄河以北部队集中新乡，第 6 警备队原驻老黄河以南部队、第 110 师团第 163 联队集中开封，第 110 师团（第 163 联队除外）集中洛阳。原驻归德的骑兵第 4 旅团，奉命由第 10 战区决定。

（二）接收经过

为顺利接受日军缴械投降，第 1 战区成立了接收委员会，任命范汉杰为主任委员，李昆岗为副主任委员，裴昌会、刘茂恩、陆福廷、马法五、李兴中、王仲廉、张耀明、耿幼麟为委员。下设参谋、军务、交通、经理、兵器、卫生、军法 7 个组，各组设组长 1 人；组下设股，每股设股长 1 人。

同时根据日军分布情况，集中在 4 个地区接收：郑州地区由李昆岗主持，开封地区由耿幼麟主持，洛阳地区由裴昌会主持，新乡地区由陈声簧主持。对日军武器、器材、物资的接收，事前由日方造 5 份清册，呈战区司令部转发。接收人员按册收缴，存放在仓库的，就地封存保管；分发各部队使用的，集中联队缴收。每一武器、器材都必须查验号码、程式、种类与册列是否相符，然后贴签存库。

---

① 国民政府国防部史政局及战史编纂委员会档案，中国第二历史档案馆藏。

各个地区接收的起止时间：郑州地区10月2日开始，11月28日结束；开封地区10月19日开始，25日结束；洛阳地区10月18日开始，30日结束；新乡地区10月19日开始，24日结束。

由于查缴种类繁多，采取了各种器材分细目统计，同时对接收的日军部队按番号指派主官负责与联系，名单如下：第12军司令官鹰森孝，第110师团长木村经宏，第6独立警备队长饭田雅雄，铁道第6联队长中原寅藏，第10独立警备队长星善大郎，铁道第18联队长君冢堪吉，铁道第2联队第3大队长相原敬三，电信第10联队长波木固治，野战炮兵第6联队长村上武，自动车第25联队长成支滕夫，自动车第26联队长志波常一，自动车第23联队第3中队长猪狩卓三，自动车第21联队第4中队长野田镒男，架桥材料第24中队长保山善一郎，架桥材料第25中队长松井政夫，架桥材料第31中队长平野佳秀，第1水陆输送队第3中队长松冈茂兵，战车第3师团搜索大队长柴田孝一，战车第3师团连射炮第3中队长中岛益山，战车第3师团工兵第4中队长山津纯之，第270飞行大队长铃置，第207飞行大队长山田敕夫，第26野战勤务队长字都宫巧，独立混成第1旅团独立步兵第74大队长重川秋光，独立山炮第1大队长佐木与吾，独立炮兵第6大队长森搏一，野战高射炮第74大队长森中幸男，临编第1大队长山岸大一，第168兵站医院院长栗木博雄，第169兵站医院院长永鸣，第186兵站医院院长森木舍三，第199兵站医院院长森符士雄，北支那野战兵器厂郑州支厂长于井，第16野战兵器厂移动修理班长田代，北支那野战自动车厂郑州支厂长山野常，第25野战自动车厂移动修理班长定立实，北支那野战货物厂郑州支厂长衫本，北支那野战补充马厂郑州支厂长松井，第25兵站病马厂郑州支厂长佐文。

（三）党政工作的开展

首先成立受降党政工作室，地点在郑州前进指挥所。9月11日，党政工作室的人员由西安抵达郑州。此时日军尚未交出地方防务，社会治安和秩序比较混乱，随军进入郑州市区的地方机关仅有河南省第1行政区督察专员、郑县县长和郑州市警察局局长。不久，国民党与三青团的工作人员也先后来到郑州。最初，党团工作的重点是指导地方政府办理清查户口，编整保甲；禁用伪钞，调整金融；清除垃圾，整理市容；严防“奸匪”，巩固治安。此外，还协助三青团发行《胜利日报》。

9月22日后（即接受日军投降后），提出党团工作着重办理地方善后事宜、安定人心、恢复各级行政机构、彻底整编团队等。

（四）日本战俘的管理

在第 1 战区范围内投降的日本官兵共 4.3 万余人，日本侨民 222 人。管理办法遵循中国陆军总部、军政部的规定，组设战区徒手官兵管理处，并指派李昆岗少将为处长。根据日军的集中情形，于郑州、洛阳、开封、新乡等地设地区管理所所长，指派第 42 军副军长李忠毅少将为郑州管理所所长，高级参谋胡屏章少将为开封管理所所长，陈武葆为新乡管理所所长，萧荫民为洛阳管理所所长。各管理所的教导项目及管理办法，均根据军政部规定的纲要实施。

（五）伪军改编

在第 1 战区受降区域内活动的伪军，计有陇海铁路沿线的新编第 1 路军庞炳勋部、新编第 77 师蒋希斌部、陕州先遣军秦润普部，共计 2.3 万余人。在平汉铁路沿线的有先遣第 5 军康伯英部，中央先遣军李英部，安东先遣军王自全部，临漳先遣军郭井泉部，安东、汤阴、临漳、内分 4 县指挥部程道生部，共计 1.6 万余人。总计官兵 3.9 万余人，步枪、机枪 2.59 万余支（挺）。根据何应钦的电示，将伪军分别补充中国军队的缺额及拨交地方政府改编为保安团队，昔日的伪军变成“国军”了。

郾城许昌商丘归德地区

1945 年 8 月 18 日，中国战区最高统帅电令第 5 战区司令长官刘峙为受降官，指挥所属各部，负责接收郑州、开封、新乡、南阳、襄阳、樊城地区。投降日军为第 12、34 军各一部分。对于伏牛山、桐柏山各地区的治安，仍由第 5 战区派部队担任，务须确保根据地的巩固与安全。

25 日，何应钦将军电示第 5 战区刘峙上将为受降主官。日军投降部队为第 13 独立警备队（集中开封），第 6 独立警备队（集中新乡），第 10 独立警备队（集中郑州），第 115 师团、第 4 骑兵旅团、第 92 旅团、第 14 独立警备队（集中南阳）。投降代表为第 12 军司令官鹰森孝，投降地点在开封。

刘峙将军根据蒋、何电示精神及该战区具体情况，实行分区受降，命令投降日军向郾城、许昌、商丘、归德等地集中，等待中国战区的受降。

（一）郾城地区受降

8 月 10 日，第 22 集团军得知日本政府接受投降，即令第 122 师派 1 个营侦察与监视河口日军的行动。13 日，第 5 战区司令长官刘峙上将电令第 22 集团军，规定日军投降事宜，并将对日通告转知日军最高指挥官遵照办理，通告如下：

1.日本政府已接受1945年7月26日中、美、英在波茨坦签发，旋经苏联政府赞成的联合宣言，已于8月10日向中、美、英、苏4国正式提出投降。

2. 中、美、英、苏4国已接受日本政府乞降的请求，并将复文于8月11日下午4时（重庆时间），由美国政府交与瑞士政府转递日本政府。

3. 在中国各地的日军谅已接到日本政府向中、美、英、苏4国投降的命令。

4. 中国政府与美、英、苏3国共同决定所有日本军队应立即就地停止军事行动，全部解除武装。

5. 本战区遵奉军事委员会的命令，对于在本战区的日军作如下处置：

甲、平汉铁路（含）以西，襄河（含）以东，武汉三镇（含）以北，西峡口、鲁山、许昌县以南的日军应迅速集结钟祥、随县、汉口、花园、信阳、确山、漯河、南阳、淅川、河口10处，将所有武器、装具、马匹、器材及其他一切军事需用品全部交于本战区长官指定的部队接收。

乙、所有武器、装具、马匹、器材及其他一切军用品，不得交与非本战区长官指定的以外部队与任何人。

丙、日军不允许毁坏武器、装具、马匹及一切军需用品，并不得破坏我土地上的一切资源。

丁、解除武装后的日本官兵应静候中国的处置，不得擅自行动，本战区并依国际公法给予一定待遇。

戊、以上4项限于接到本通告后迅速、具体答复，并派员前来洽商一切。

此通告由第22集团军司令部派员转告，希立即转告其最高指挥官立即答复。

15 日，第 22 集团军从广播中得知日本政府正式宣布投降，旋即命令日本军队立刻停止军事行动，并将第 2 号通告交给在河口的日军：

1.中国战区最高统帅已收到日本正式答复中、美、英、苏4国无条件接受《波茨坦宣言》各项规定，并命令日军立刻停止军事行动，已电令驻华日军最高指挥官冈村宁次执行，保持现有态势，并维持所在地方的秩序与交通，听候何应钦的命令。

2. 本战区境内的日军在接到上级命令后，希望立即派人来联系，以便双方派遣代表于指定地点洽商日军投降。

此通告由第 22 集团军派人送达豫鄂边区日军最高指挥官。

19 日，河口日军指挥官派代津乡少佐率同上野大尉、翻译室田上士等抵达冷家集中国驻军第 104 师师部，要求进见第 22 集团军长官。中国方面指派参谋长胡临聪代表洽谈，令日军遵照第 22 集团军的第 1、2 号通告规定迅予答复。

20 日，日军代表代津乡少佐等再次来到冷家集第 104 师师部进见中国官员，请示投降事宜，并呈递复文，中日双方进行洽谈。中方出席人员有胡临聪、参谋周非少校，日方有代津乡、上野、室田等人。

代津乡说："我奉本司令部命令，前来进见贵军高级官员呈递军书，并请求意见，以便返回报告敝司令官。"

胡临聪说："贵函'尔后一切行动遵军司令官之命令而行动'一语，其中的军司令官是指日军司令官，还是指中国的军司令官？"

代津说："是指日本军司令官。"

胡说："贵函内'请停止光谷警备司令部所在地的中国游击队对日本交通、通信与治安之破坏行动'一项，根据日本无条件投降规定，在华的日军都要听从中国陆军总司令何应钦的命令而行动，此点在本战区给你们的通告中说得很清楚。中日军事行动停止后，所有的中国游击队亦会遵照命令就地停止军事行动，负责维持地方治安。日军不得破坏一切设备与物资。"

代津说："谨遵办理。"

胡说："贵函内的'日军撤退后，中日应切实携手，以防伪军汉奸之扰乱'一语，中国战区最高统帅已令日军之军事行动停止后，可暂保持武器，维持交通，遵照何总司令之命令与指挥而行动。"

代津说：“对贵参谋长的面谕，敝人和敝军非常满意和放心。”

胡说：“日军何时撤离河口？如果日军马上撤离，则对河口治安的维持可作详细商讨，对于此事，我愿听听你的意见。”

代津说：“敝军撤退的具体命令尚未收到，只收到预备命令。此次来，尚未奉到河口撤退的命令，所以无意见可发表，待返回河口，向军司令报告后，再派我或他人前来洽谈。但对贵军有一要求，即请保护河口、邓县、南阳的后方联络线。”

胡说：“日军从现地移至另一个地方之前，必先通知我方。”

代津说：“恳请中国军队在饼子铺附近派一只小船，作为水上联络，希望在饼子铺的民房内，设立联络员。遇有小事联络，如有较大的事情，便派专使渡河至中国驻军第104师师部请示。”

胡应允。

22日，第22集团军派秦蓉发少校为驻饼子铺附近的联络员。24日，日军派军使至饼子铺与秦蓉发联络，协商河口附近日军移动事宜。

胡临聪再度奉命至冷家集第104师师部接见代津乡。会商结果，日军于25日6时撤离老河口，至许昌集中投降，并请求中国受降部队于同日8时入城。25日8时，第22集团军总司令部及第104师进入老河口城区，集合军民举行升旗典礼。

9月10日，第22集团军进驻许昌。11日上午，第22集团军派参谋张岐中校、桂月樵少校前往日军司令部送通告，洽商受降事宜：

1. 本集团军奉第5战区司令长官命令接收许昌城，本司令部决定进驻城内负责一切。

2. 本集团军所属各部队已到许昌附近，分驻于城郊东北地区。

3. 希望日军城内部队移驻许昌城外西南地区，以便分区维持地方秩序。

12日，第2集团军第55军抵达许昌，第22集团军旋即奉命郾城为受降地点。14日，第22集团军抵漯河，集团军总司令部设在郾城。15日，第22集团军令迅速接收日军防务，完成受降准备，为第5战区举行受降仪式创造条件。

此外，第22集团军一方面令第41军接替漯河防务；另一方面又派卢高暄中校等人担任漯河日军第115师团司令部的联络任务，洽商受降及缴械事宜。

16日，第22集团军送通告给日军第115师团长杉浦英吉中将：

1. 本集团军奉中国战区第5战区司令长官刘峙命令，指挥第41军（附第127师）负责接收临颍（不含）以南，漯河、西平、遂平、驻马店、确山、明港迄长台关一带防务以及沿铁路所有的交通、通信。

2. 本集团军已令第41军转令各师分别开赴下列各地区：第122师开赴商桥、漯河至西平；第127师开赴西平、遂平至驻马店；第124师开赴驻马店、确山、明港至长台关附关。集团军总司令部驻郾城。

3. 希望日军师团即将漯河至长台关各据点的防务，沿铁路线的一切交通、通信分别于9月18日以前交与第41军各部队接防，并将日军沿铁路的警备配置先送呈要图。

18日，第22集团军所属部队将所有防务先后接收完毕。20日，漯河城披上了节日的盛装，受降礼堂的布置与前述相同。刘峙为受降主官，主持了受降仪式。日军投降代表第12军司令官鹰森孝在命令受领证上签字后，受降仪式结束。

（二）许昌地区受降

9月5日，第2集团军奉命向郑州、禹县、襄县挺进。由于日军第12军所属第92混成旅、独立第14警备队在许昌集结，向第2集团军缴械投降，该集团军遂改向许昌推进，18日抵达许昌，总司令部驻许昌城内。旋接命令，刘峙为许昌分区受降官，集团军总司令部即令第55军负责许昌附近警戒，同时派人与日军大井川少将接洽投降事宜。22日，第2集团军命令在许昌地区投降的日军：

> 1. 本总司令奉命接受许昌附近日军之投降；2. 许昌地区日军应遵照本命令之规定解除武装，交出军品并移驻指定之地点。3. 日军所担任新郑（不含）、临颍（含）段之通信及铁路警备任务，应于九月二十五日正午交由五十五军接受。4. 对于许昌地区日军军品之接收，由本集团军兵站分监郭肇峰指导接收组负责办理之。兹示其概要程序为左：（1）实行交接自九月二十五日开始，三十日完毕；（2）日军兵站仓库、厂所、病院等处所存之武器、弹药、器材、粮秣等，一切军用品仍在原地，指定负责造册六份点交；（3）日军各部队所有之马匹、车辆、武器、弹药、器材等，除准予每步兵中队暂借十支，特种兵每中队暂借步枪二十支，每枪配弹五十发外，其余应自行分类集中，指定处所，并指定负责人造册六份点交；（4）具体交接手续由郭分监与瓦田少将协定之；（5）由五十五军派步兵一营归郭分监指挥，担任接收军品之监护；（6）许昌地区日军被解除武装后，应移驻许昌城东北黄庄寨、大张寨、罗庄寨、于庄、长村、蒋店、周店、深村、前后

韩一带村庄。[1]

同时，第2集团军还规定：

1. 日军及许昌县政府立即派人会同该部邱刚参谋到各村庄侦察，选择地址；

2. 日军官兵准暂时保留联队的原建制，由原部队长率领开赴新驻地；

3. 日军官兵可以携带一些粮食、冬衣及卫生药品，用完后由中国兵站负责供给；

4. 日本官兵移动时间，从9月26日至29日；

5. 日军官兵不得直接向中国居民借、购物品；

6. 日军官兵集中后，所借用的防卫枪支供驻地使用，不得私自带出。

此外，在商丘、归德的日军亦按中国的规定，先后缴械投降。至此，第5战区所承担的受降任务全部结束。日俘进入集中营后，等待被遣送回国。

武汉宜昌沙市地区

（一）受降准备

1945年8月10日，中国战区最高统帅电令第6战区司令长官孙蔚如中将：

恩施。孙长官。密。1.敌已无条件投降。2.除同时令敌驻华最高指挥官转饬所部，即就现态势停止一切军事行动，不得破坏物资、交通，扰乱治安秩序，听候所在地中华民国陆军总司令部或各战区长官之处置，并限二十四小时之内答复外。着该战区即以一个军监视宜昌、沙市方面之敌，以四个军向武汉挺进，分别解除其武装。3.各战区应注意事项：（1）对敌奸可能之抵抗与阻挠，应有应战准备；（2）应警告辖区内敌军不得向我已指定之军事长官以外任何人投降缴械；（3）对各地伪军应策动反正，并迅即确保联络，并令先期包围集中之敌，或控制敌军撤退后之要点要线，以待国军到达；（4）对投降之敌军及俘虏不得危害，并剀切通令所属官兵；（5）从

① 国民政府国防部史政局及战史编纂委员会档案，中国第二历史档案馆藏。

略；（6）各战区除以主力挺进解除敌军武装外，应保留必要的部队维持辖区治安；（7）国军之整编得由各战区长官斟酌情况暂缓实施。4.各战区对敌后各要点要线之挺进占领，及令敌军分区集结监视，缴械办法仰即日拟具详细计划呈核。①

11日，中国战区最高统帅电令孙蔚如：

恩施。孙长官。密。倭寇政府已示投降，国内外军阀仍不免有负隅顽抗之事，故目前断不能认为日寇已实行投降。且我国领土以内迄今尚有多数盘踞寇军，狡恶万端，诡计百出，并以军事实力迫令放下武器，绝不能望其觉悟。我各战区前线将领及全体官兵务当严密警戒防范，加倍战斗，一切依照既定军事计划与命令执行，绝不可稍有松懈，致涉贻误，希切实遵照，并逐级饬遵照为要。②

15日，中国战区最高统帅电令孙蔚如：日本政府已正式宣布无条件投降。军事行动停止后，日军可暂保有武器及装备，并保持现有态势，维持所在地的秩序及交通，听候中国陆军总司令何应钦命令；日军所有飞机及船舰应停留在现在地区，散布在长江内的船舰应该集中在宜昌、沙市；日军不得破坏任何设备及物资等。

18日，中国战区最高统帅电令第6战区，指派孙蔚如为受降主官，指挥所属各部，负责接收武汉、沙市、宜昌地区，投降日军为第34军主力。同时，令第4方面军的第18军改归第6战区序列，该军仍暂受王耀武司令官指挥，先向长衡进发，以后再开进武汉，归孙蔚如指挥；第6战区第32军改归第11战区序列；第33集团军辖第59、77军到平汉路，改归第10战区序列；第92军仍归第6战区指挥；第66军第13师仍担任维持地方治安的任务。

孙蔚如根据以上蒋介石的电令指示，拟定了对日伪军处理纲要，命令所属部队执行。

22日，何应钦在湖南省芷江部署各地区受降任务，孙蔚如派参谋处长谢士

①② 国民政府国防部史政局及战史编纂委员会档案，中国第二历史档案馆藏。

炎参加了会议，领受了具体受降地区：武汉、沙市、宜昌。日军投降代表是第6方面军司令官冈部直三郎大将，投降部队为第6方面军及第133师团，独立第85旅团，步兵第11、83旅团（集中汉口）；步兵第12旅团，独立第86、88旅团（集中武昌）等。23日，谢士炎返回恩施。

25日，中国陆军总司令何应钦将军电示孙蔚如，日军投降部队及集中地点有所变动，第6方面军所属第131师团，第17、83、85旅团，步兵第11、12旅团集中武汉；第132师团、步兵第5旅团集中沙市。办理投降地点在汉口。旋即何应钦又电示孙蔚如：令第6战区在武汉设立前进指挥所。任务是：

1. 传达各地区受降主官，并转令日军执行应办事情。

2. 关于伪组织、伪军的调查及处置，随时报告并提出建议。

3. 准备该方面军司令部及其部队进驻各地的一切事情。

4. 为办事迅速，可以随时要求日军给予各种便利。

孙蔚如根据何应钦的电令，拟在武昌设立前进指挥所，因情况有变，才将前进指挥所设在汉口，并令谢士炎少将为所主任。同日，孙蔚如拟定了第6战区致日军投降部队第6方面军司令官冈部直三郎第1至3号备忘录：通告第6战区司令长官受降任务，令冈部直三郎立刻前来联络，限27日上午12时答复；第6战区各军前进地区及所经路线，沿途的日军不得阻挠等等。

27日，何应钦等一行抵恩施，孙蔚如召集前进指挥所全体人员及有关受降各部队负责人，听取何应钦的部署。当日，何等又返回芷江。

28日，第6战区以第4号备忘录通告日军投降代表：

1. 该地区受降主官姓名及投降部队集中地点番号如下：日军第132师团集中当阳附近，交出武器后，移驻当阳、荆门之间地区，中国战区受降官为第32军军长唐永良中将；日军步兵第5旅团集中沙市附近，交出武器后，移驻江陵，中国战区受降官为第76军所属的暂37师师长祝负年少将；日军第85旅团集中应城，交出武器后，移驻应城近郊，中国战区受降官为第75军军长柳际明中将。上述中国战区军队统归第26集团军总司令指挥，并特派总司令为总受降官。日军步兵第11旅团分别集中在孝感、信阳，交出武器后，移驻城郊地区，中国战区第59军军长刘振三中将、第77军军长何基澧中将为受降主官。上述中国战区军队统归第33集团军总司令冯治安中将指挥，并派冯总司令为总受降官。日军第6方面军军部及其直辖部队，集中汉口、武昌，交出武器后，移驻武昌，中国战区受降主官为第66军军长宋瑞琦中将；日军步兵第83旅团集中葛店，交出武器后，移驻葛店附近；日军步兵第12旅团集中咸宁，交出武器后，移驻金口；日军第17旅团在墨西铺、监利以西的部队集中石首，交出武器后移驻江陵，墨西铺、监利以东的部队集中岳阳，交出武器后移驻临湘；日军第131师团集中岳阳、武昌之间，交出武器后，移驻嘉鱼附近。上述中国战区受降官为第62军军长侯镜如中将，统归王敬久中将指挥，同时王又是总受降官。

2. 在中国军队未到以前，日军所有的部队，包括一切漏列的陆军、空军及其辅助部队，仍保持要点要线，担任各地的警备和秩序的维持，等待受降部队的到来，并与各受降部队首长取得联系后，接受受降部队首长的命令，到指定地点集中。交出所有武器、弹药、器材、交通与通信工具、飞机场、燃料、工厂、仓库、物资与文献、档案、情报资料等，并呈献详细表册。

3. 上述指定的集中地点，如因实际情况不符需要变更时，应报请第6战区司令长官派驻汉口的谢士炎主任批准。

4. 日军不得向中国共产党领导的部队投降。

29日，第6战区以第5号备忘录致日军投降代表，规定收缴日陆军装备及仓库的办法。同日，战区以第6号备忘录致日军投降代表，规定接收日军公用事业、财务、粮食、交通、文化等办法。30日，战区以第7号备忘录致日军投降代表，通知战区前进指挥所谢士炎等48人乘飞机前往汉口，令日军呈递各类图表给谢士炎。

第6战区规定所属主力部队由襄河南北快速挺进武汉及平汉铁路南段，占领要点要线，拱卫武汉要地，分别监缴日军武器，解除武装，控制武汉以西、洞庭湖以北、枣阳以南、宜昌以东广大地区；绥靖地方，辅翼武汉的安全，以确保长江襄河水运。9月7日，第26集团军抵达宜昌、沙市一带，向应城、武汉、孝感、黄陂方向前进，并于17日抵达各指定地点。8日，第10集团军所属部队已抵武汉附近，于16日进入武汉市区。

第6战区司令部数日来得悉日军破坏当阳酒精厂、军械修理厂，在藕池口将3门大炮自行炸毁，焚毁大米200担，又在江口、董市一带破坏军用物资等情况，遂以第9号备忘录向日军投降代表冈部直三郎提出严重警告，并令其禁止，不得再有此事发生。

8日，何应钦电令第6战区司令长官，令各地区受降主官赴日军集中地点接受日军代表投降。孙蔚如拟致冈部直三郎的命令，令其在命令受领证上签字。11

日，第6战区司令部从恩施出发，并于17日抵汉口，进驻市郊的上智中学。随之通知日方投降代表冈部直三郎大将，日军投降仪式于18日下午在汉口中山公园举行。

（二）受降实施情况

第6战区分区进行受降，但主会场设在汉口中山公园。

1. 汉口方面：

9月18日，中国战区第6战区司令部受降仪式在汉口中山公园新礼堂举行，整个会场庄严肃穆。下午3时，孙蔚如中将身着军服，与88名党军政要员一同走进会场。孙蔚如将军主持了受降仪式，中外来宾与新闻、摄影记者也出席了受降仪式。日军投降代表冈部直三郎大将、参谋长中山贞武少将及来福栖静岛大佐、冈田芳政大佐、清水勖之大佐等来到受降礼堂，孙蔚如将军示意他们坐下。

孙蔚如将军将“6战作命甲第1号命令”由谢士炎将军转给冈部直三郎签名盖章，冈部签字后令中山贞武呈递孙蔚如将军。孙将军检视后，令日军投降代表退席，受降仪式结束。

“6战作命甲第1号命令”主要内容如下：

（1）日军驻华派遣军总司令官冈村宁次，已遵日本天皇、日本帝国政府、日本帝国大本营的命令，率领在中国（东三省除外）、越南以北（北纬十六度）、台湾及澎湖列岛的日本陆海空军，于1945年9月9日在南京签具降书，向中国战区最高统帅蒋介石特派代表何应钦无条件投降。

（2）遵照何应钦总司令的命令及何应钦致冈村宁次的各号备忘录，指令第6战区及所属各部队接受武汉、沙市、宜昌、信阳、岳阳等地区日军第6方面军，第116、132师团，第17、85、86、88旅团，第5、11、12步兵旅团，扬子江方面特别根据地等部队，及各种辅助部队的投降。

（3）第6战区依据中国战区最高统帅第1号命令，做出如下规定：a. 关于日军武装的解除特别规定，在解除日军武装以前，日军对一切作战装备，如物资、厂矿、交通、通信等，都应妥善保管，维持现状，等待接收；b. 关于日军步兵战列部队的武装解除的具体规定；c. 关于武器、弹药、装具、器材收缴的规定；d. 关于车辆及一切军用物资接收的规定；e. 关于城市及行政接收的规定；f. 关于日军控制下国营、民营、民用财产的接收规定；g. 关于第6战区内海、陆、空军及基地、场、站设备接收的规定；h. 关于日军缴械后人员处置的规定等等。

22日，日军投降代表第6方面军司令官冈部直三郎遵照中国第6战区“6战作命甲第1号命令”精神，拟定了“统作命甲第51号命令”，下达所属部队执行：(1)将直辖兵团部队的武装解除，并将一切军用资料移交给中国战区；(2)各兵团部队解除武装后，所有装备、资材及一切设备移交给中国战区受降主官；(3)在缴械投降前，绝对不能进行破坏、焚毁等等。

2. 金口、蒲圻、咸宁、葛店方面：

第92军军长侯镜如将军为受降主官，第10集团军总司令王敬久为总受降官。

日军投降部队为第86、88旅团，第12步兵旅团，第116师团，分别于9月30日、10月8日缴械投降。

3. 仙桃、天门、岳口、应城、黄陂、孝感方面：

第75军军长柳际明、第59军军长刘振三、第18军军长胡琏为受降官，第26集团军总司令周岩、第33集团军总司令冯治安为总受降官。

日军投降部队是第5步兵旅团、第132师团、第85旅团，分别于9月25日和10月1日、3日解除武装。

第6战区的日军投降缴械工作进行得非常顺利，均按期完成。但也有部分日军或因路途较远，或因过于分散，或因江水暴涨不能渡江，或因瘟疫流行等原因，延长了集中时间。直到10月14日，该战区的受降工作才全部结束。

长沙衡阳地区

(一)受降准备

1945年8月18日，中国战区最高统帅蒋介石电令陆军第4方面军司令官王耀武中将为长衡地区受降主官，指挥第71、100军及原在长衡地区的军队，负责接收长衡地区。

25日，中国陆军总司令何应钦将军电示王耀武将军，该地区日军投降部队为第64、116师团，第81、82旅团，第2警备大队(集中长沙)；第13、58、68师团，第22、86、87、88旅团(集中衡阳)。投降代表为第20军司令官坂西一良，投降地点在长沙。28日，王耀武司令官接受命令后，用飞机将“华字第

1 号备忘录”空投给驻邵阳的日军菱田中将，令他负责尽速转递司令官坂西一良将军：

1. 第 4 方面军司令官王耀武派副参谋长罗辛理少将率领武装员兵 69 名及必要通信器材，于衡阳设立前进指挥所，办理长衡地区受降工作。

2. 当前进指挥所罗辛理将军一行进入日军占领区时，请负责安全保卫，供应给养。罗辛理一行由邵阳至衡阳，请派客车 1 辆、大卡车 3 辆。

3. 30 日下午 3 时，请派代表至长阳铺中国陆军第 100 军所属第 63 师师部，迎导罗辛理将军一行。

4. 对罗辛理将军要求所办事情，应迅速办理。

29 日，罗辛理将军一行由辰溪出发。抵邵阳时，日军第 116 师团特派参谋池田在枫林铺迎接罗辛理等人。

第 4 方面军司令部根据军政部的规定，成立受降接收组。参谋长邱维达少将兼任组长，下设人马、械弹、文件、装具、器材、粮秣、车辆、燃料、船舶、军事建筑、仓库等股，另设顾问团及督导队。接收组在第 4 方面军受降工作完毕后，即行撤销。同时，湖南省政府指派肖训为组长的行政接收组一行 14 人，随军队进入衡阳，负责接收一切行政组织。

30 日，第 4 方面军王耀武以“华字第 3 号备忘录”致日军坂西一良：

1. 日军投降位置、受降代表姓名、投降部队番号：

（1）长沙。受降代表是中国第 18 军军长胡琏。日军投降部队为第 64 师团、第 86 旅团、独立第 2 警备队。

（2）湘潭、衡山。受降代表是中国第 73 军军长韩浚。日军投降部队为第 81、82、88 旅团（第 81 旅团等候王耀武将军指派部队接防后，再行移动）。

（3）衡阳。受降代表是中国第 74 军军长施中诚，指挥第 70、74 军及第 100 军所属第 19 师的一个团。日军投降部队为第 13、58、68、116 师团，第 22、87 旅团。

2. 衡阳以北至新墙河以南地区内重要城镇及水陆交通要点，在第 4 方面军未到达前，仍由日军酌留部队负责维护治安，以免非指定部队进入。

9 月 2 日，罗辛理将军一行抵衡阳，与日军第 68 师团举行洽谈，内容是如何接收与接收后的警备工作。8 日，第 4 方面军命令官王耀武以“华字第 6 号备忘录”致坂西一良将军，通知有关变动情况：

1. 第 4 方面军王耀武为长衡区受降主官。日本投降部队为第 20 军及其第 64

师团，第81、82、96旅团，第2警备队（集中长沙）；第68师团的主力（集中衡阳）；第17旅团（集中岳阳）。投降代表为坂西一良将军，投降地点在长沙。

2.变动后的日军投降位置、受降代表姓名、投降部队番号：

（1）长沙。受降代表为中国第18军军长胡琏。日军投降部队为第64师团、第96旅团、第2独立警备队、第20军军部及直属部队。

（2）湘潭。受降代表为中国第73军军长韩浚。日军投降部队为第81、82旅团，但第82旅团在株洲集结。

（3）衡阳。受降代表为中国第74军军长施中诚。日军投降部队为第68师团。

（4）岳阳。受降代表为中国第18师师长覃道善。日军投降部队为第17旅团。

第4方面军所属部队旋即分赴上述地区受降。8月25日，第18军军部及直属部队自泸溪经桃源、益阳、宁乡，向长沙前进，9月9日抵长沙。8月20日，第118师自新化的隆迴司经新化、宁乡，向长沙前进，9月7日抵长沙。8月25日，第18师自源陵的麻溪铺经桃源、益阳、宁乡、湘阴，向岳阳前进，9月17日抵岳阳。第11师自桃源峰灵寺经桃源、益阳、宁乡，向湘阴前进，9月19日抵岳阳。

8月29日，第73军军部及直属部队自新化经湘乡，向湘潭前进，9月11日抵湘潭。第193师由蓝田经湘乡，向湘潭前进，9月11日抵湘潭。第15师由溆浦经新化、湘乡、湘潭向岳麓山前进，接受第18军胡琏的领导，9月14日抵岳麓山。

第74军军部及直属部队于8月29日由洪江、在头经洞口、邵阳，向衡阳前进，9月8日抵衡阳。第51、58师自龙潭、武冈经邵阳，向衡阳前进，9月6日、9日先后抵衡阳。8月30日，第100军军部及直属部队与第63师，由竹篙塘经桃花坪，向邵阳前进，9月4日抵衡阳。

罗辛理将军抵达长沙后，将前进指挥所从衡阳迁往长沙，旋与驻长沙日军第20军参谋长伊知川庸治等举行第1次会谈。伊知报告了第20军及其所属部队驻地情况，并提出了书面报告。此后差不多每天由伊知报告情况及洽谈。

（二）受降经过

9月12日，王耀武将军派人送“华字第7号备忘录”给坂田一良，通知他受降地点设在长沙岳麓山。14日，王耀武将军率领司令部人员，由辰溪飞抵长沙，前进指挥所旋即撤销。15日上午11时，第4方面军司令部受降仪式在长沙岳麓山举行。王耀武主持受降仪式。日军投降代表为第20军司令官坂西一良中将及参谋长伊知川庸治少将等4人。王耀武将军将受降命令受领证由罗辛理将军交给坂西一良签字盖章，然后又由伊知川庸治恭呈王耀武将军，王检视无误，令日军投降代表退席。受降仪式胜利结束。

第4方面军对日军的缴械投降及接收工作，作了详细规定：

1. 长岳地区：由第18军负责接收，胡琏军长领导。8月25日，胡琏于泸溪率领第11、118、18师分别向长沙、湘阴、岳阳地区进发，第18军军部及直属部队驻扎长沙。命第118师担任长沙城郊的警备，维持地方治安。从9月12日开始，解除长沙市区日军第20军军部及其直属部队的武装；17日至21日，接收飞机场、高射炮、观测器材、被服装具、械弹等；21日至22日，接收马、骡及车辆；23日至26日，解除捞刀市日军第20军直属部队武装，并接收械弹等。长岳地区于27日全部接收完毕。

2. 岳阳湘阴地区：由第11、18师分别负责接收。9月17日、19日，两个师先后抵达湘阴、岳阳，占领要点及交通线。20日，第11师在湘阴解除日军第64师团武装，22日接收各项军品，24日全部接收完毕。22日，第18师解除驻扎在岳阳的日军第17旅团的武装，23日、24日接收岳阳城内货物工厂，25日接收陆矶饼干制造厂，26日、27日接收冷水铺的械弹仓库等，28日、29日解除日军配属的武装，至10月1日接收完毕。此外，第18师还奉命接收日军第116师团。10月1日，日军第116师团集中岳阳，4日解除其武装，6日接收各种武器，8日全部接收完毕。

3. 湘潭株洲地区：9月11日，负责接收的第73军分别到达指定地区，军部及直属部队驻扎湘潭，第77、193师分别占领朱亭与株洲要点，控制交通线，监视日军;14日，接收易俗河汽车厂、军需兵器厂、货物仓库等;21日，接收湘潭、株洲的武器及物资，解除湘潭日军第81旅团的武装；23日，解除株洲日军第82旅团的武装；24日，接收工作结束。

4. 衡阳地区:衡阳地处湘桂、粤汉两铁路交通要冲和枢纽,地理位置非常重要。负责接收的第74军到达衡阳后，即以第58师占领外围要点，第51师担任衡阳城郊警备。9月15日，接收武器及物资;19日、20日，解除日军第68师团武装。21日，接收工作结束。

5. 邵阳地区：邵阳为湖南西部重镇，扼水陆交通要道，原为日军第116师团驻地，后该师团奉令集中岳阳，留下大量武器弹药。8月30日，第100军由竹篙塘向邵阳进军，负责接收留在邵阳的武器弹药。9月4日，到达邵阳；14日，开始接收日军留下的各种武器、弹药仓库；17日，接收完毕。

6. 铁道部队的接收：长沙、衡阳、岳阳等地处于铁路沿线，日军的部队有第11、12两个联队。除武器、弹药由第4方面军派人接收外，车辆及其附属设备则由交通部派人接收。

7. 船舶的接收：日军在湘江和洞庭湖南岸的船舶，由第4区兵站负责接收，于9月20日完成。

日军投降缴械后，集中于下列地点：

1. 10月1日以前，第68师团集中于衡阳集兵滩，第81旅团集中于湘潭北郊，第20军军部及直属部队、第2独立警备队集中于捞刀河桥头驿。

2. 10月5日以前，第64师团集中于湘阴北郊，第82旅团集中于新墙。

3. 10月13日以前，第116师团集中于岳阳南岭子铺，第17旅团集中于岳阳桃李桥附近。

4. 铁道第11、12联队未集中，仍在长、衡、岳之间的原服务单位，等待交通部的接收。

（三）使用日军劳动力的计划

第4方面军为了便利当时的交通运输，依据国际法和中国战区的规定，可以征用日俘劳动力：

1. 修补长衡、长岳公路计划：10月中旬动工，时间预计20天。将岳州—长沙—衡阳的公路、桥梁、路基、路面加以修筑，确保载重7吨的汽车畅通无阻。

担任修补任务的是日军第17、81、82旅团，第64、68师团和第20军军部等。

2. 修补长益公路计划：从11月1日开始，第4方面军与战时公路运输局复路工程处合作，使用日军第64师团的日俘劳动力，时间为30天。

广州地区

（一）受降准备

1945年8月上旬，中国战区第2方面军司令官张发奎上将正指挥6个军对日反攻，除第8、54军尚在向广西前进外，第46军、新1军主力正在雷州半岛反攻，第62军主力进入越南北圻，第64军一部分尚留在龙津、宁明支援第62军进入越南对日作战。10日，日本政府接受《波茨坦公告》，时局发生剧变，第2方面军从对日作战变为接受日军投降。16日，第2方面军奉命接受日军投降工作，新1军受命集结于广西玉林、贵县等地区，准备开进广州接受日军投降。同时，命令第64军集结南宁、钦县一带待命，其他第一线部队快速向日军占领地推进，严密监视日军行动，准备受降。

张发奎将军应何应钦将军电召，于17日下午5时，与美军联络部博文将军、第2方面军司令部作战处处长李双冲等，由南宁飞往芷江，参加中国战区芷江洽降，24日返南宁。18日，中国战区最高统帅蒋介石电令张发奎将军，任命他为受降主官，指挥第46、64军，接收雷州半岛及海南半岛地区，投降日军为第22、27独立旅团各一部分；指挥新1军、第13军，负责接收广州、香港地区，投降日军为第23军主力（第13军先在广州接收，后调杭州、宁波接收）。

25日，何应钦电示张发奎，告知日军投降部队为第23军，第129、130师团，第23旅团，第8、13步兵旅团等（集中广州）；香港防卫队（集中香港）；第22、23旅团各1个大队（集中雷州半岛）；海军陆战队（集中海南岛之琼山）。投降代表是田中久一，投降地点在广州。

张发奎将军根据上述命令精神，抓紧受降的准备工作，拟定了受降接收的计划：

1. 受降步骤：

（1）接防日军占领区。规定了各受降部队的接收任务，迅速推进，接防日军占领区及日军集中地点。

（2）解除日军武装。规定日军移防时，准许暂时携带的步枪、轻机枪及少数弹药，其余武器、弹药上缴受降接防部队；移防集中后，解除全部武装。

（3）集中管理俘虏。日军解除武装后，视为俘虏，送至指定的集中营监视、管理、教育。

2. 接收要领：

（1）日军本身的装备，直接上缴受降部队接收。

（2）日军、日侨控制下的工厂、工场、仓库、公营与民营事业等，均先交受降部队警戒，由原负责人看管，并列表、造册移交接收人员。

（3）释放盟国战俘及被拘人民，恢复他们的自由。

9月1日，第2方面军派刘凯中校和翻译，携带张发奎将军致日军第23军司令官田中久一第 1 号备忘录，主要内容如下：

1. 本司令官奉命为受降主官，接受广州、香港、雷州半岛及海南岛等地所辖区内的日军部队投降。

2. 日方从即日起，应接受并遵照本司令发的有关日军投降的一切规定。

3. 日方应派遣熟悉全面情况的高级官员来南宁接受中方一切投降规定，并负责报告所辖部队的一切情况。

4. 日方代表应携带贵军所辖战斗序列，指挥系统表，大队以上主官姓名、驻地，兵力部署要图，人员、武器、器材、交通工具等表册，西江各河道与海上、陆上布雷及阻塞等危险地带表，辖区内飞机及船舰调查表，主要仓库位置表等一切有关资料。

5. 规定了无线电暂行通信方法。

6. 自接受本备忘录起，珠江流域所有大小船舶立即集中交通要道，以便接收。

7. 日方洽降人员不得超过 5 人，乘非武装的运输机于 9 月 3 日晨 8 时正（重庆时间）由广州起飞，沿西江、郁江、邕江上空航线向南宁飞行。到梧州上空时，有盟军 3 架飞机引导至南宁机场降落。

8. 限 9 月 2 日以前答复。

张发奎将军一方面遵照命令抽调第 62 军归卢汉指挥，向北越进军；另一方面对他所属各部的任务与行动，作了具体安排：

1. 粤桂南区总指挥邓龙光指挥第 46 军、雷州挺进支队及沿海警备大队，并以第 46 军主力进驻雷州半岛；又派 1 个师进驻海南岛，负责接收雷州半岛与海南岛。

2. 新 1 军军长孙立人指挥迫击炮营及第 13 军第 89 师，由驻地经梧州、三水向广州推进。新 1 军主力驻广州市，另派一部分驻三水、顺德两地监视日军。

3. 第 13 军（欠第 89 师）沿梧州、三水向广州推进，把主力放在广九（广州至九龙）铁路沿线，另一部分进驻香港监视日军。

4. 第 64 军沿合浦、化县、阳江向开平、台山、新会推进，主力驻扎新会、台山、鹤山三地区监视日军。

5. 各部队接近日军防务时，需直接与日军交涉接防事，并命令日军向指定地点集中。

3 日，日军田中久一遵照第 2 方面军命令，派代表至南宁洽降。同日，何应钦将军电示张发奎将军，九龙、香港地区已决定授权英国军队受降。张发奎将军立即电告第 13 军，不要接受九龙、香港地区的日军投降。

第 2 方面军司令部根据上级指示，在广州组设前进指挥所，指派高级参谋张觉非中将为主任、梁一飞少将为副主任。下设参谋、政务、总务 3 个组，组下设若干股。同时明确规定广州前进指挥所的任务：

1. 传达司令部的命令，监督日军执行命令。

2. 听取日军官兵的意见并如实向司令部汇报。

3. 调查管辖区内受降日军武器等方面的状况。

4. 随时报告并建议对伪组织及其军队的调查与处置。

5. 筹备该方面军的受降工作。

6. 方面军司令部进驻广州后，前进指挥所即行撤销。

6 日清晨，第 2 方面军司令部广州前进指挥所一行 135 人，在张觉非将军的率领下，从南宁乘 8 架飞机飞往广州，南宁群众有 1000 余人到机场欢送。上午 9 时，张觉非将军乘首批飞机抵达白云机场。田中久一派参谋长符田少将在机场迎接。张觉非将军及其随员乘汽车前往市区广东省政府内，又率高级职员祭扫黄花岗七十二烈士墓。

7 日，张觉非将军在前进指挥所召见日军符田少将，询问日军一切状况，并将司令部第 2、3 号备忘录交符田少将。其中，第 3 号备忘录是关于新 1 军急需进入广州市区接防，负责地方治安等内容。

15 日上午，张发奎将军及其主要幕僚由南宁飞往广州。广州各主要官员及民众代表数百人，在白云机场等候张发奎等人的到来。11 时，张将军乘坐的飞机在白云机场降落，同机抵达的有参谋长甘丽初、美军联络部博文将军、作战处处长李汉中、后勤司令部副司令何世礼及秘书长麦朝枢等。张发奎将军走下飞机，检阅了仪仗队，随后乘车去市区。广州中华北路口搭起凯旋门，路口两侧排列 5000 名左右的民众代表。当张发奎将军乘坐的汽车到来时，民众代表一致立正，热烈欢呼。

张发奎等人乘坐的汽车车队从中华北路口途径一德路、太平路、长堤、靖海路、泰康路、汉民路、德宣路至中山纪念堂，行程 2 小时，沿途市民夹道欢迎，鞭炮声响彻云霄。

（二）受降经过

9月16日上午10时，广州地区日军投降签字仪式在广州中山纪念堂举行。第2方面军受降主官张发奎将军率领参谋长甘丽初、市长陈策、作战处处长李汉中、副官处长陈骏南以及美军联络部博文将军等人步入中山纪念堂时，参加观礼的183名来宾起立欢迎。日军投降代表是第23军司令官田中久一将军、参谋长符田少将以及海南岛日军指挥官代表肥后大佐等人。张发奎主持了受降签字仪式，并将第1号命令及命令受领证由甘丽初递给田中久一，田中签名盖章后，又由符田少将恭呈张将军。张检视后，令田中久一等人退席。受降仪式结束。

"国字第1号命令"的主要内容有：

1. 日本陆、海、空军及其辅助部队应停止敌对行动，听候解除武器。

2. 所有武器、弹药等不得破坏，并造表册。

3. 所有投降日军保持原建制。

4. 日军控制下的车辆、船舶停留原地，航行内河的大小船舶集中高要，航行海洋的大小船舶分别集中黄埔和广州湾。

5. 受降区内军事或非军事的一切交通、通信设施等要保存完好，不得移动和破坏，并要造好表册。

6. 受降区内的军事基地及军队控制下的民用财产等，都要保护好，等待接收。

7. 充分供应盟军俘虏的食品等物，恢复他们的自由，听候接收。

盘踞在广东的日军第23军，是由第104、120、130师团，第23混成旅团，第8、13步兵旅团，1个混成联队，其他特种部队以及一部分海军基干组成的，总兵力达10余万人。日军投降前夕，随着太平洋战场局势的发展，判断盟军将有一部分兵力在中国东南沿海登陆。为此，广东的日军采取守势，重新对兵力作了部署：汕头外围地区2个步兵大队，惠阳、海丰地区约1个师团，淡水地区约1个师团，西江以北粤汉路沿线1个步兵旅团，梧州以东西江流域1个步兵旅团，广州地区第23军司令部直属部队及1个混成旅团，中山、江门地区约1个师团，海口、文昌地区1个警备队，澄迈、那大地区1个陆战队，琼东、嘉积、陵水地区约2个队，琼西南、榆北沿海地区约2个队。

18日，第2方面军司令部命令日军缴械投降移防，由中国军队接防：

1. 新编第1军接收广州地区：新编第1军在日本投降前夕，担任攻击雷州半岛的任务。日本政府宣布投降后，新编第1军奉命于8月17日向广州前进，并负责接收广州及粤汉路广韶段、广三铁路、广九铁路沿线地区。29日，新编第

1 军第 38 师为先遣队，由广西玉林出发。9 月 6 日，先遣队抵广州近郊，并在沙面登陆。7 日开始接防，由第 114 团接收白云机场等重要部门，11 日接收完毕。第 50 师在广西贵县集中后，向广州前进。9 月 19 日，到达广三铁路石围塘，第 148 团接收石围塘、佛山及四村，第 149 团接收河南，对日军进行监视；抽调第 150 团的一部分配合第 38 师担任西关的防务，其主力于 23 日至源潭新街一带接收铁路沿线两侧的日军防地，同时担任广韶段及广三铁路的警备任务。第 30 师于 9 月 10 日从广西贵县出发，17 日，第 89 团抵广州接收日军防务。21 日，全师抵达广州，即派第 88 团接收广九铁路沿线日军防务。第 90 团于 10 月 4 日接收东莞的日军防务。至此，新编第 1 军完成了在广州地区接收日军的所有任务。

2. 第 46 军接收雷琼地区：第 46 军原属粤桂南区总指挥管辖，担任攻击雷州半岛的任务。日本投降后，负责接受雷州半岛及海南岛的日军投降，暂派第 156 师开往廉江接收雷州半岛，第 46 军的主力则前往海南岛接受日军的投降。9 月 10 日，邓龙光将军设前进指挥所于赤坎。11 日，第 175 师主力向广州湾推进。13 日，接收麻章、赤坎、西营日军防务。第 156 师第 466 团推进至东营、坡头接防，投降日军向铺子墟集结。10 月 5 日，粤桂南区总指挥部派副总指挥朱晖日为海南岛前进指挥所主任，向海口前进，筹备受降。10 日，第 46 军第 188 师派 1 个团至海口。13 日，第 188 师全部抵海口，分区接防。其中，第 562 团接收海口文昌地区的日军防务。11 月 5 日，第 564 团接收陵水地区日军第 8 特别陆战队的防务。25 日，第 563 团接收迈澄、临高地区的日军防务，投降日军逐次集中琼山地区。10 月 18 日，第 46 军直属部队新编第 19 师到达海口，新 19 师派 1 个团开赴榆林、三亚。16 日，接收榆林、昌江的日军防务。20 日，各部接收完毕，投降日军集中乐东、三亚地区。

3. 第 64 军接收中顺地区：8 月 28 日，第 64 军奉命接收中山、顺德、新会地区。为加快接收步伐，9 月 2 日，第 64 军由廉江、阳江、恩平向四邑前进。第 156 师到达廉江后，协助接收雷州湾。其余部队于 24 日到达单水口、台山一带，并在江门组织前进指挥所。29 日，第 131 师接收新会、江门。10 月 6 日，该师派 1 个团由江门到达市桥，7 日接防市桥、沙湾。10 月 2 日，第 159 师从台山泷水口到达中山，4 日接防中山城区。5 日，该师派 1 个团到达容奇接防，并在前山监视日军的行动。

第 2 方面军解除日军武装的情况：

1. 广州地区：新38师接防广州市区后，日军已撤到河南集中，只有停靠黄埔的少数舰船及海军2000余人，由新38师派人解除其武装。第50师的两个团，解除日军第23军军部直属部队和第13、23两个独立旅团的武装。11月1日，第50师又解除了集中在芳村、花埭的第8独立旅团的武装，新30师解除了石龙地区日军武装，第89团在宝安、布吉解除了日军武装，随后，东莞、淡水、龙冈日军的武装亦被解除。

2. 中顺地区：10月5日，第64军在中顺地区接防后，日军集中在大良附近。14日，由第131师第393团解除武装，投降日军进入指定的集中营。

3. 雷琼地区：10月9日，第175师解除铺子墟的日军武装，日俘进入集中营。20日，第46军接防海南岛，解除当地日军武装。12月6日，投降日军分别进入琼山、三亚、乐东集中营。

广州地区的日军第23军，原为"南支方面军"，负责对中国华南独立作战，作战物资的生产、储备和交通、通信等设施的管理，具有一定的独立性。再加上榨取了大量沦陷区的物资，故军需品的囤积量较丰。

第2方面军司令部为统筹接收日军军需品及一切物资，与国民政府各部会派来的特派接收员、地方机关及军事部门等组成受降接收委员会，指派参谋长甘丽初中将为主任委员，作战处处长李汉中为副主任委员。委员会下设11个组，由各单位官员兼任组长。具体接收时，则由各主管部门的接收人员负责。从9月21日委员会成立，到1946年1月底接收工作结束，历时4个月。

第2方面军司令部受降区的日军自1945年9月24日以后，分别进入指定的集中营。司令部为了加强对战俘的教育，消除军阀黩武主义思想，改变其凶残的本性，真正悔过自赎，待将来遣送回国后成为和平善良的日本国民，于11月7日成立日俘管理处，指派参议廖鸣欧中将为管理处长，处下辖琼州、东莞、顺德3个管理分所。

南昌九江地区

（一）受降准备

1945年7月上旬，日军第27、40师团由南雄、信丰、大庾经赣县，沿赣江东西两岸向南昌、九江北撤。8 月 18 日，中国战区最高统帅蒋介石电令第 9 战区司令长官薛岳上将为受降主官，指挥原所属各部队及第 73 军负责接收南昌、九江地区的日军。25 日，中国陆军总司令何应钦电示薛岳，日军投降部队为第 11 军所属第 27 师团、第 7 旅团（集中南昌），第 34、40、87 旅团（集中九江）。投降代表为第 11 军司令官笠原幸雄将军，投降地点在南昌。薛岳将军收到上述命令后，开始了受降的准备工作。

8 月 31 日，薛岳以“九字第 1 号备忘录”致驻南昌、九江地区第 11 军司令官笠原幸雄：

1. 本人以第 9 战区司令长官的名义，奉何应钦将军的命令，接受南昌、九江地区日本第 11 军及所配属陆、海、空军及其辅助部队的投降。

2. 日本驻南昌、九江第 11 军司令官笠原幸雄将军自接受本备忘录时起，立即执行本司令长官的一切规定，笠原幸雄将军应负责指挥所属日军投降。

3. 笠原幸雄在接受该备忘录后，立即对其所属陆、海、空军下达必要的命令：

（1）所有陆、海、空军及辅助部队立即停止一切敌对行动。

（2）日本陆、海、空军及辅助部队就现在驻地及指定地点静待命令，凡非本司令长官指定的部队指挥官，日军不得向其他任何部队和个人缴械投降及接洽交出地区与物资。

（3）日军对所有的使用物资应保持完好，听候接收。

（4）日军就现在驻地负责维持地方秩序。

（5）对在本战区接收范围内的同盟国被俘人员及被扣中国官民，应恢复他们的自由，充分供应衣、食、医药，并送到指定地点。

4. 为监视日军执行本司令长官的一切命令，特派陆军第 58 军军长鲁道源中将兼本司令长官南昌前进指挥所主任。凡鲁道源中将所要求的事，应迅速照办。

5. 指派鲁道源中将为南昌地区受降主官。南昌、涂家埠间的日军，应立即向南昌集中，听候鲁道源中将的命令。

6. 指派陆军新 3 军军长杨宏光中将为九江地区受降主官。永修、德安、星子、瑞昌一带日军，应立即将防地交杨宏光部队接收与处理。

同日，薛岳又以“九字第 2 号备忘录”致日军司令官笠源幸雄：

1. 将各地区受降主官姓名、地点，日军投降部队长姓名及投降部队番号详细告知。

2. 为了日军缴械投降的顺利进行，特作下列规定：

（1）日军分别向指定的受降官缴械投降。

（2）日军在缴械投降前仍维持原警备秩序，等受降部队到达后，再依指定的时间交防，到指定的地点集中。

（3）在笠源幸雄将军尚未正式投降前，凡中国军队奉命调往日军驻地内，沿途不得阻拦。

（4）九江、鄱阳湖、赣江所有轮船、民船立即集中于南昌、九江，听候接收。

（5）南昌、九江地区内所有的日本航空部队，凡可能飞行及可能修理的航空机应立即修理完毕，并在南昌机场集中。暂修不好的飞机及储存的弹药、武器等，一律封存，等待受降主官接收。

（6）凡日军现驻地区内所有交通、通信各路线及其管理机关，不待笠源幸雄正式投降，应立即与战区司令部通报，电台呼号 L·E，波长 75 米，联络时间（重庆时间）每日 10 点及 19 点。笠源幸雄应将日军电台通报时间、周率、呼号通报第 9 战区。立即扫除江河、湖泊及各地布置的障碍物，并将扫除情形呈报。

31 日，薛岳再以“九字第 3 号备忘录”致日军笠源幸雄：

1. 凡日军现驻地内一切行政组织及日军扶植的伪组织，应立即将各组织的原有人名、财产等造册，并指定专人负责保管，不得迁移、毁坏、隐匿。

2. 凡金融机关的票券连同财产、现款等，要进行查封，派人负责保管，听候接收。

3. 凡日军第 11 军及所属部队控制的粮食、器材、工具，都要专人保管。

4. 经济生产事业组织及其储存的物资等，要有专人保管。

5. 公用事业，如公路、水运、空运、邮电等业务，在接收前，应正常运转。

6. 文化、教育方面有关文物、图书、仪器等，都要保管好。

薛岳发出上述备忘录的同时，又提出了对日军进行收缴的办法：

1. 对日军兵力、驻地、主官姓名进行确实调查。

2. 各军担任接受日军投降的部队，必须尽量迫近日军驻地，以期迅速完成接收任务。

3. 接收日军驻地及收缴日军武器等，以各地区统一办理为原则。

4. 日军的撤退与集中，要与中国军队接防相配合，分阶段进行。

5. 日军应先缴械，然后到指定地点集中。

6. 各受降区内所有日军的武器等物资，都由日军自行封存于仓库，然后交出详图。

7. 日军个人生活日用品等，准其留用。

8. 日军缴械后的徒手官兵，保持原有建制，由各原来的部队长带领赴指定地点。

9. 投降后的日军粮食，由受降主官补给。

10. 受降单位与投降的日军可以直接联络。

对伪军的处理办法如下：各受降主官对伪军的人数、武器、驻地及主官姓名、籍贯、出身、经历等作详细调查；对已经投诚，或正在接洽投诚的伪军，要派人到指定的司令部进行联络；在华美军将在各受降地区派出联络官，协助办理日军投降。

（二）受降经过

1945 年 9 月 9 日，第 58 军军长兼南昌前进指挥所主任鲁道源带领所属人员抵达南昌。15 日，新 3 军军长兼九江前进指挥所主任杨宏光一行由高安抵达九江。

10 日，薛岳长官由桂东向吉安、南昌方向前进，于 24 日抵南昌，监督南昌、九江的受降工作。鲁道源抵南昌后，在汉口的日军第 11 军司令官笠源幸雄特命独立步兵第 7 旅团长生田寅雄少将为南昌、九江地区停战协定委员会委员长，成员有第 7 旅团参谋大贯中佐，第 11 军司令部参谋田中中佐、夏目中佐、村上中佐、中森少佐及九江宪兵队长管井中佐等人。

10 日至 12 日，鲁道源主持召开受降预备会议，出席人员有第 58 军副军长梁得奎、参谋长鲁元、副参谋长龚襄平、参 1 课课长周璜、参 2 课课长艾辉、参 3 课课长燕登稷、军务处长郑社科、军需处长成寿平，新 3 军副参谋长陶任文、军法官李屏苍、翻译黄辉邦等人。生田寅雄以停战交涉委员长的身份，汇报了南昌、九江地区日军状况：

1. 武汉、南昌、九江等地区由第 11 军司令官笠源幸雄中将指挥。

2. 南昌兵力为独立步兵第 7 旅团，九江为独立混成第 84 旅团。

3. 转进兵力有第 13、58 师团，独立混成第 22、87 旅团。由长沙向九江、大冶及其北岸地区前进的日军，预计于 9 月下旬至 10 月上旬陆续到达。

4. 南昌飞机场只有勤务部队，无飞机。

5. 九江的海军只有警备队官兵约 700 人，船舶约 50 艘，从事长江的警备及扫雷工作。

6. 南昌、九江地区的粮食能维持 2 个月，九江地区需要依赖南昌地区供应。

7. 该地区无盟国俘虏等。

接着生田寅雄呈交笠源幸雄的报告，言及薛岳司令长官第 2 号备忘录关于投降部队集合地点、时间的规定，由于与部队实际情形不相符合，请求变更。经第 9 战区司令部斟酌后，稍作变动。

13 日，笠源幸雄中将由汉口飞抵南昌。14 日，薛岳长官以第 9 号训令指示笠源幸雄：

1. 日本驻华派遣军冈村宁次大将已遵日本政府和日本大本营的命令，向中国战区最高统帅投降。

2. 第 9 战区司令长官奉命接受南昌、九江地区日军的投降。

3. 日军应于 9 月 14 日切实施行。

14 日 12 时，第 9 战区司令长官司令部在第 58 军军部礼堂举行受降仪式。受降仪式由鲁道源中将主持，参加者有第 58 军军官、各界官员、新闻记者。日军投降代表笠源幸雄、生田寅雄等人参加了受降仪式，坐在受降席。笠源幸雄在降书、命令受领证上签名盖章后呈递鲁道源，鲁道源宣布受降仪式结束。

投降书的内容如下：

1. 本官奉上司之命，统率驻南昌、九江地区之一切陆军部队，不久前集结该地区内之各部队，并统制海军部队，请向中国第9战区长官薛岳将军投降。

2. 本官当立即遵照中国第9战区司令长官部九字第1至3号备忘录的规定及今后的命令实行。

3. 解除武装，俟调印完毕后，着令各地区投降部队指挥官立即遵照各受降主官之规定实施。

命令受领证内容如下：

谨收到中国战区第9战区司令长官南昌前进指挥所行字第9号训令1份，当即遵照执行，并立即转达南昌、九江地区各部队（含现在之步兵第7旅团、独立混成第84旅团，及未到达之第13、58师团，独立混成第22、87旅团部队）照办。对于本训令及以往之一切备忘录及决议之一切规定，本区各部队之全体官兵，均有完全执行之责任。此具。

九江地区的受降工作本来由新3军负责，但该军遵令裁编，故另派孙渡将军主持日军投降。南昌、九江地区举行受降仪式后，日军的集中与接收工作便随之开始。

日军独立步兵第7旅团原在南昌、安义一带，向南昌集中。独立混成第84旅团原在德安、瑞昌、九江一带，向九江集中。第13、58师团，独立混成第22、87旅团均由湘桂线经衡阳、长沙、岳阳、崇阳、大冶，逐次向九江集中。9月10日，第9战区司令长官下令成立接收委员会。在笠源幸雄递呈降书后，15日，日军独立步兵第7旅团在南昌向第58军缴械投降。22日，南昌地区接收完毕。19日，日军独立混成第84旅团缴械，26日接收完毕。10月1日，第13师团缴械，9日接收完毕。10日，第58师团缴械，13日接收完毕。14日，第11军团司令部与直（配）属部队缴械，19日接收完毕。16日，独立混成第22、87旅团缴械，18日接收完毕。日军投降后，便进入指定的集中营。第9战区为了对日俘日侨进行管理，还成立了专门机构。

第9战区对徒手官兵善后联络部作了如下规定：

1. 日本第11军团司令部改为南浔地区日本官兵善后联络部，笠源幸雄为联络部长，各师团、旅团均以集中后的地名命名，如吴城地区日本官兵善后联络支部，以生田寅雄为联络支部长等。

2. 日本集中营内不得再用原来部队长的名称。

3. 日本徒手官兵在某地区集中，即称某某地区日本徒手官兵集中营等。

第9战区对日侨的集中与管理也作了具体规定。战区的日俘日侨进入集中营后，等待被遣送回国。

山西地区

（一）受降准备

1945年8月10日，中国战区最高统帅蒋介石训令第2战区司令长官阎锡山上将派2个军进驻临汾，派4个军进驻阳曲，并与第1战区部队取得联系，协同监视日军，解除日军武装，占领敌后各要点、要线，同时对日军集结、监视缴械办法等，均需拟具详细计划呈核。12日，蒋又电令阎锡山将军，为了维持地方治安，要抓紧整顿地方队警，随军队进入各敌占区，接替日军防区，迅速恢复秩序，确保地方治安。15日，蒋再电令阎锡山将军，太原地区的敌人武器装备以及交通线各场站，拟定人员分别收缴接收，并迅速进驻太原。18日，蒋任命阎锡山为第2战区受降主官，指挥战区所属各部及第1战区的3个军，负责接收山西省。日军投降部队为第1军。

25日，中国陆军总司令何应钦将军电示阎锡山将军，日军投降部队为第1军所属第114师团，第3旅团，第10、14步兵旅团，独立第5警备队，集中地点由阎锡山将军决定。投降代表为第1军司令官澄田徕四郎，投降地点在太原。

阎锡山接到命令后，一方面于8月10日发布命令，令所属部队集结；另一方面则令楚溪春副总司令率领骑1军，附暂41师、暂47师，炮兵第24团，工兵一部分及彭毓斌副总司令率领第23军(欠暂47师)、第83军，附暂48师，炮兵、工兵各一部分，向太原前进。梁培璜军长率第61军（欠第69师、暂48师）、附暂45师、挺进第3纵队向临汾前进。史泽波军长率第19军（欠暂42师）、附第69师、暂38师、挺进第2纵队向长治前进。高倬之军长率第34军（欠暂45师）向运城前进。山西西部暂留一些军队，并限各受降部队限期到达目的地。

山西的日军为华北派遣军第1军及所属与非所属部队，兵力共计6万余人，他们盘踞在下列各地：

1. 太原及同蒲沿线：第246警备大队驻榆次。第26警备步兵大队驻南河。第24山炮大队驻太谷，其中1个中队驻阳邑镇，1个中队驻祁县，1个中队驻洪善。第199步兵大队驻西泉村，其中1个中队驻张兰镇，1个中队驻介休，1个中队驻灵石，1个中队驻仁义镇，1个中队驻师庄镇，1个中队驻南关车站。第202步兵大队驻霍县，其中2个中队驻辛治镇。第26步兵大队的一部分驻仇池村。第381、382、383、384步兵大队向沁源至安泽之间移动。第114师团驻临汾南北沿铁路附近。第5警备旅团驻运城及侯马以南同蒲沿线及两侧地区，后移榆次。

2. 太原地区：第10独立步兵旅团驻阳泉。第23步兵大队驻太原，其中1个中队驻清泉，1个中队驻交城。

3. 太原以北同蒲沿线及雁门关以南：1个中队驻黄寨镇，1个中队与第10步兵大队驻中社，第10步兵大队的主力由山领底（忻县西南）向忻县移动。第9

步兵大队驻忻县，其中 3 个中队驻北场，1 个中队驻定襄，1 个中队驻蒋村，1 个中队驻王家庄。第 8 步兵大队驻五台。第 3 混成旅团驻崞县，其中 1 个中队驻大牛镇，1 个中队驻轩阁。第 7 步兵大队驻宁武，1 个中队驻阳明堡，2 个中队驻繁峙。

4. 汾阳地区：第 20 步兵大队驻汾阳，其中 1 个中队驻康宁堡，1 个中队驻西阳城镇。

5. 正太路沿线：第 229 步兵大队驻鸣谦镇，其中 2 个中队驻王胡镇，1 个中队驻芦家庄。临时集成大队驻寿阳，其中 2 个中队驻河东村，1 个中队驻下流，1 个中队驻石驷，1 个中队驻张净镇，1 个中队驻芹泉。第 3 警备步兵大队驻落磨寺镇，其中 1 个中队驻上庄。第 3 警备队及第 227 步兵大队驻阳泉。第 228 步兵大队驻平定，其中 1 个中队驻义井，1 个中队驻辛兴镇，2 个中队驻大冠村。第 25 警备步兵大队驻柏井驷，其中 1 个中队驻苇泽关，1 个中队驻下盘石，1 个中队驻移穰镇。

6. 白晋线：1 个中队驻东观，1 个中队驻白圭镇，1 个中队驻子决镇，1 个中队驻盘陀，1 个中队驻北镇，1 个中队驻泉子湾，1 个中队驻九龙山。第 224 步兵大队驻故城镇，其中 2 个中队驻南沟，1 个中队驻漳源镇。第 243、246 步兵大队的一部分驻长治等县。

7. 雁门北：第 4 警备队分驻大同、天镇、阳高、怀仁、山阳、应县、朔县、浑源等。

阎锡山基于盘踞在山西的日军分布情况，令日军向指定地点集结，以便分区缴械投降。8 月 31 日，阎锡山将军电令驻太原日军第 1 军司令官澄田𧶛四郎：

1. 本官奉命为受降主官，负责接受山西省日军投降缴械。

2. 初步规定日军部队集结地点：

（1）太原以南日军集结临汾、平遥、介休、汾阳、沁阳、榆次等地。

（2）太原以东的日军集结阳泉。太原附近的日军，一部分集结于东山煤矿地区，另一部分集结于西山煤矿地区及附近工厂等地。

（3）太原以北的日军集结地点，另行通知。集结在各地的日军，都要负责维持地方治安，保证铁路畅通无阻。

3. 日军在移动位置时，必须事先与第 2 战区太原前进指挥所联系。

4. 将第 2 战区内投降部队的全部人员、马匹、军械、弹药、物资、工厂等列表呈报。

同日，阎锡山电示日军第1军司令官澄田徕四郎：已委派第8集团军副总司令楚溪春为大同雁北地区受降官，驻大同的日军负责人速与楚溪春将军联系。同时，指派第7集团军总司令赵承绶将军抵太原，组织该战区前进指挥所，筹备受降工作。

9月2日，第2战区司令长官前进指挥所令日军澄田徕四郎司令官与参谋长山冈等人，于次日上午来所研究双方缴收等事宜。3日，第2战区司令长官太原前进指挥所令日军澄田徕四郎，将向太原、大同、沁县、汾阳、宁武5个地区集结的日军番号、兵力、主官姓名及装备情形列表呈报。

9日，太原前进指挥所电示日军澄田徕四郎，日军在下列地点集结：第1军军部及第10步兵旅团集结太原，第3旅团集结崞县，第114师团集结临汾、榆次，第5旅团集结阳泉，第14旅团集结沁县，以上各部队由太原前进指挥所主任赵承绶将军办理受降。第4警备队集结大同，该警备队驻绥远包头的1个大队为方便办理投降缴械，改由第12战区司令长官傅作义上将就近办理受降。大同城东聚乐堡的第118师团所属第226大队，原归第11战区受降，因靠近第2战区，故改由楚溪春将军受降。

（二）受降经过

1945年9月13日，阎锡山上将等高级官员云集太原，主持和参加受降典礼。日军投降代表澄田徕四郎在投降席坐定后，中国军官将命令受领证交给他。受领证内容如下：

> 今谨收到中国战区第二战区阎锡山司令长官第一号命令一份，当遵照执行，并立即转达所属及所代表各部属之各级官长士兵遵办。将于本命令及以后之一切命令或指示，本官及所属与所代表之各部属之全体官兵均负有完全执行之责任。日本军华北派遣第一军司令官陆军中将澄田徕四郎。[①]

澄田徕四郎在第1号命令受领证上签字盖章后，恭呈阎锡山将军。阎阅后，令日军投降代表退席。自此以后，澄田徕四郎与日本政府及大本营脱离一切隶属

---

① 国民政府国防部史政局及战史编纂委员会档案，中国第二历史档案馆藏。

关系，成为山西地区日本官兵善后联络部长，听从阎锡山将军命令办事。日军遵照阎锡山将军发布的命令，向指定地区集中缴械投降，日俘也相继进入指定的集中营，等待遣送回国。

安庆徐州蚌埠海州地区

1945 年 8 月 18 日，中国战区最高统帅蒋介石电令第 10 战区司令长官李品仙中将为该战区受降主官，指挥所属部队，负责接收徐州、安庆、蚌埠、海州地区。日军投降部队为第 11、43 军各一部分。同时，命令第 6 战区第 33 集团军所属第 59、77 军到平汉路后，改归第 10 战区序列；第 10 战区第 19 集团军所属第 12、97 军改归第 11 战区序列，由李延年指挥。仍酌留相当的部队维持皖北大别山一带地方治安，确保根据地。

29 日，何应钦电示李品仙，更明确规定日军投降部队为第 47 师团（集中徐州）、第 1 步兵旅团及海军陆战队（集中海州）、第 65 师团（集中蚌埠）、第 6 步兵旅团（集中安庆）。投降代表为第 65 师团长森茂树将军，旋又改为第 6 军司令官十川次郎。受降地点在蚌埠。

李品仙将军接到上级命令后，即拟定第 10 战区致日军第 6 军司令官十川次郎训令。9 月 24 日，李品仙将军在“龄字第 1 号训令”中指出：

1. 受降对象：日军第 6 军所属部队的投降。

2. 受降区域：安庆、滁县、蚌埠、田家巷、固镇、宿县、徐州、海州、连云港等。

3. 在蚌埠设立前进指挥所，其任务是办理日军投降事宜等。

旋即，战区司令部委派张淦中将为前进指挥所主任，进驻蚌埠。

第 10 战区司令部命令除在蚌埠总受降外，另在下列 3 个地区分区接收：固滁地区，接收官为第 7 军军长钟纪中将；安庆地区，接收官为第 48 军军长苏祖馨中将；徐海地区，原为陆军陈大庆中将，陈调往山东后改由第 10 战区副司令长官弁中衍中将兼任。李品仙还命令日军从 9 月 24 日开始，在下列地点集中：9 月 30 日以前，第 131 师团及其配属部队在安庆附近地区集中；第 6 旅团集中时间、地点另定；9 月 27 日以前，第 1 独立警备队及所属部队在滁县地区集中完毕；9

月 27 日以前，第 70 师团及配属部队在蚌埠、固镇两地集中完毕；9 月 30 日以前，第 65 师团及配属部队在徐州、海州、连云港集中完毕；所有过境和漏列部队都要就近集中，向该地区接收官投降；第 10 战区的日本海、空军部队，应在现地静候中国海、空军的接收。旋即第 10 战区又规定了对盘踞城市的日军及军事据点的接收办法：

1. 各地区日军在集中前夕，应报告接收官员或指定的接防部队长，由他们派出军队接收。

2. 各地日军奉命集中移动时，所有的工事、建筑物等应负责点交给接防官指定的部队就近接收，并呈报第 10 战区司令部备查。

3. 日军到达集中地点后，应遵照该地区接收官或指定之师长所规定的地方。对于日军武器、弹药、装具、器材、马匹的收缴办法，规定各地区日军按指定地点集中后，翌日起应遵照各地区接收官所指定的仓库，按秩序收集武器、弹药、装具、器材、马匹等。3 天之内连同清册送库，由各接收官会同军需品接收处点收，由军需品接收处签据为证，并由日军将该项移交清册另行迳报第 10 战区司令部一份备查。

对日军的交通、通信接收办法规定如下：

1. 日军控制下的津浦、陇海、淮南各线铁路及其车辆、车站、仓库、器材、建筑物与附属物，应由中国政府指定接收机关。在未接收以前，日方人员照常服务，维持交通，服从中国派出人员的指挥。

2. 津浦铁路南段（徐州以南）、陇海铁路东段（归德以东）沿线的警备任务从 9 月 23 日起，由各地区接收官派出部队接防，部队的番号由各地区接收官直接通知日方。日军交防后，立即撤出上列铁路沿线，各向指定地点集中。

3. 日军所控制下的船舶、有线电信、线路机关、器材、无线电台及日本部队保管的船舶、有线无线电信、电话器材都应该保持完整，于集中后的翌日，交给各地区接收官或军需品接收处。日军的一切车辆及军用物品，如汽车、燃料、卫生器材、被服、粮秣及仓库、工厂与军用文书等都应该集中，翌日一并造册，交给各地区接收官或指派的师长或军需品接收处。战区内日军的海、空军及其基地、机场站的设备，都要听候命令移交指派的接收部队或机关，未移交前仍由日方负责保管。日军所控制的民用财产、公司、工厂、企业、房屋，都要造册呈缴有关接收人员。对于淮南、大通及枣庄两大煤矿、电厂，未接收以前仍由日方负责管理，听候接收，但须服从各地区接收官的指挥。日本侨民集中于连云港、海州、蚌埠、浦口、安庆等地，由各地区接收官或师长以上部队长官指定集中地点，并受日军官兵管理处管理（准许在中国永久居住的日侨除外）。

9月26日，第10战区司令部前进指挥所更改了津浦路固乌段铁路接收警备任务：乌衣街（含，下同）至红庙段、三界站至官池段、小陈家至临淮关段、淮河北岸至简家庙段，归第5路军担任；红庙至三界站段、官池至小陈家段、临淮关至蚌埠段、简家庙至固镇段，归第7军担任。均于27日接防完毕。

日军缴械投降后，仍由原部队军官负责带领日俘进入指定的集中营。依据第10战区日俘、日侨管理办法进行管理：仍由原日军部队长负责管理，受中国各地区日军官兵管理处指挥；集中营的日本官兵仍保持原建制；日侨则由日本军官或自行选派负责人。对日俘、日侨要严格进行管理，如有违犯，严惩不贷。

29日，第10战区司令部呈准在浦口、滁县、蚌埠、宿县、徐州、连云港等地设置日军停车场联络所，定名为“徐海地区日本官兵某地联络站”。每站内由官员1人、士兵5名组成，责任是申请各地区日军对于运输方面的事由。

10月14日，第10战区司令部抵蚌埠。15日，蚌埠前进指挥所撤销，战区内日本官兵善后事情由第10战区司令部直接处理。李品仙将军抵达蚌埠后，旋即举行受降仪式。李主持了受降仪式并将命令受领证等给日军投降代表，十川次郎在受领证上签字盖章后，又呈递李品仙。李检视无误后，令日军投降代表退席。

浙江地区

1945年8月18日，中国战区最高统帅蒋介石电令第3战区司令长官顾祝同上将为受降主官，指挥所属部队，负责接收嘉兴、金华、杭州、宁波、厦门地区；第13军由广州海运杭州、宁波地区后，亦归顾祝同指挥。投降日军为第6军。

22日，顾祝同在芷江亲自接受了何应钦的任务。25日，何又电示顾祝同，进一步明确日军投降部队为第70、133师团，独立第62旅团（集中杭州）；独立第89、91旅团（集中宁波）；海军陆战队（集中厦门）。投降代表是第133师团长野地嘉平中将，办理受降地点在杭州。

顾祝同将军接到受降命令后，开始部署受降工作。8月下旬，顾祝同将军致驻杭州日军第6军司令官十川次郎中将“信字第1号备忘录”，主要内容如下：

1. 本人奉中国陆军总司令何应钦的命令，接受嘉兴、杭州、金华、宁波（包括舟山群岛）、厦门地区日本陆、海、空军及其辅助部队的投降。

2. 日军第6军司令官十川次郎将军自接到本备忘录之日起，立即执行本司令官的一切规定，并由十川次郎将军负责指挥嘉兴、金华、杭州、宁波（包括舟山群岛）、厦门地区日本陆、海、空军的投降。

3. 十川次郎将军须按下列事项立即对各地区日本陆、海、空军及辅助部队下达命令：

（1）各地区所有的陆、海、空军及辅助部队应立即停止一切敌对行动。

（2）各地区的日本陆、海、空军及辅助部队立即就现在驻地静待命令，不得向本司令长官及本司令长官指定的军队以外人员缴械投降及接洽，交出地区与任何物资。

（3）各地区日本陆、海、空军及辅助部队的武器、弹药、航空器材、车辆以及一切交通、通信工具、飞行机场、海港、码头、船舶及内河航行标志、工厂与仓库的物资及一切建筑物等军事设施、文献、档案、情报资料等，应妥为保管，不得移动，并应保持完好。十川次郎将军负其全责，听候本司令长官及本司令长官授权的代表派员接收。

（4）各地区所有日本陆、海、空军及辅助部队，应各就现在驻地负责维持良好秩序，直至本司令长官及本司令长官授权的代表来接防。

（5）各地区同盟国被俘人员和被扣的中国官民应立即恢复自由，并充分供给其衣、食、住及医药等，并遵照本司令长官的命令及本司令长官授权代表的要求，送到指定的地点。

（6）十川次郎将军自接受备忘录后，应于2月内将各地区所布水雷、地雷清扫完毕。

（7）各地区日军第一线军队的有线通信，应依本司令长官及本司令长官授权代表的要求，与中国第一线军队的通信衔接，确保中国第一线军队的通信、顺利接收及推进。

4. 为监视日军执行一切规定，本司令长官遵照中国战区的命令，先到杭州设立前进指挥所。凡前进指挥所要求的各项事情，都应迅速办理。前进指挥所还需利用日军的有线电信及无线电信通信网，与本司令长官及中国第一线军队联络。

5. 十川次郎将军应亲自代表日军向本司令长官投降，并办理投降的正式手续，受降仪式日期将另行通知。

9 月中旬，第 3 战区司令部进入杭州，举行受降仪式。顾祝同出席并主持受降仪式。日本投降代表第 6 军司令官松井太久郎（原为十川次郎）根据顾祝同将军的要求，在命令受领证上签字盖章。顾祝同阅后，令投降代表退席，受降仪式结束。随后，金华、嘉兴、宁波（包括舟山群岛）、厦门等地的日军先后缴械投降。

台湾地区

（一）重庆的准备工作

1945 年 9 月 1 日，台湾省警备总司令部暂假重庆国府路 140 号为临时办公处，参谋长柯远芬主持工作，并向各军事机关、学校商调工作人员。5 日，中国战区最高统帅指派陈仪将军为台湾及澎湖列岛受降主官，受降时间另行通知。陆军总司令何应钦旋即电示陈仪将军，台湾日军投降代表为第 10 方面军司令官安藤利吉，投降部队有第 9、12、50、66、71 师团，第 65、66、100、103、105、120 步兵旅团及其他部队。当时，台湾省警备总司令部临时办公处编制未定，最初仅参谋长柯远芬、秘书邱书浚、人事课长刘义和、参谋王廷栋、副官杜准等人办公。不久，抽调的人陆续报到，人员增多，工作进度加快。10 日，国民政府军事委员会以“中微一亨签字第 397 号”代电，颁发了台湾警备总司令部组织规程及编制表：设机要室，副官处，经理处，军法处，调查统计室，第 1、2、3、4 处；直辖 1 个特务团、1 个通信连、1 个军乐队。其中调查统计室由调查统计局直接派人组设，其他处室则由各机关抽调人员组成。台湾警备总司令部重庆临时办事处的主要工作有：

1. 与国民政府各部会洽商日军投降等重要事情。
2. 派第 2 处处长林秀栾、副官处处长王民宁参加中国战区南京总受降典礼。
3. 审定台湾省占领计划及情报搜集计划，颁发遣台部队官兵守则。
4. 与驻华美军总部联络每周定期举行中美参谋会报，商议占台计划以及空运部队等问题。

5. 与军政部交涉拨配通信连及无线电第 5 区台，在福建省组编特务团。

6. 与陆、海、空军交涉交通运输工具等问题。

7. 与总司令部指挥的第 62、70 军，第 208、209 师（第 208、209 师控置于福建，作为预备队，接收顺利后即解除其序列），宪兵第 4 团，海军第 2 舰队，空军第 22、23 地区特务团等密切联系，指示行动。

8. 要求增补人员。

9. 派副参谋长范涌尧率领参谋 13 人，与台湾行政公署工作人员联合组成前进指挥所，由重庆直飞台北，与驻台日军作初步接洽，并提交备忘录，筹备第一批部队抵台及受降。

10. 筹备全体官兵服装。

（二）前进指挥所的成立

9 月 28 日，台湾省警备总司令部与台湾省行政长官公署根据工作需要，在重庆国府路 140 号筹组前进指挥所，以“署渝务 1 字第 93 号命令”指派台湾省行政长官公署秘书长葛敬恩兼任前进指挥所主任，台湾省警备总司令部副参谋长范涌尧兼任副主任，由台湾省行政长官公署和警备总司令部指派专门委员 18 人，秘书 4 人，参议 1 人，中央通讯社 1 人，上海《大公报》及《中央日报》摄影记者、译电员、副官各 1 人，警备总司令部官佐 16 人，共计 46 人。另派宪兵 1 个排等。

10 月 5 日上午 7 时，前进指挥所全所官兵 71 人在重庆白市铎机场分乘 5 架运输机飞往台北。下午先后抵达台北市松山机场，到机场迎接的有中国空军官兵、日军第 10 方面军参谋长谏山春树等。同日，中国战区台湾省警备总司令陈仪上将致驻台湾日军第 10 方面军司令官安藤利吉将军第 1 号备忘录：

1. 本人以台湾省警备总司令名义，奉中国陆军总司令何应钦将军，转奉中国战区最高统帅的命令，接受台湾省（含澎湖列岛，下同）的日本高级指挥官及全部陆、海、空军与其辅助部队的投降。

2. 日军第 10 方面军司令官安藤利吉将军，自接受本备忘录之日起，立即执行本总司令的一切规定，并由安藤利吉将军负责指挥日军投降。

3. 安藤利吉将军在接受第 1 号备忘录后，应立刻对日本陆、海、空军下达必要的命令：

（1）对中国军队、盟国官兵，不得有任何敌对行为。

（2）驻台日本官兵不得向非警备总司令指挥的任何部队投降。

（3）驻台日本陆、海、空军所有武器及交通器材等，听候呈缴，不得藏匿、遗弃与毁损。

（4）台湾附近海上及陆地障碍物，于 10 月 15 日以前需全部清扫。

（5）在台湾地区的同盟国战俘应恢复自由，招待好，保护好。

4. 安藤利吉接到第 1 号备忘录后，应忠实、迅速调制并办理下列事情：

（1）绘制台湾详细图 2 份。

（2）台湾全部兵力地志及附图。

（3）台湾日军兵力配备要图及指挥系统官佐名单。

（4）日军人马、武器、弹药等数目表册。

（5）台湾各要塞详图。

（6）台湾全部通信联络图表。

（7）日本政府在台湾所有工厂、建筑物的位置，工人数目与生产能力。

（8）台湾战时所设各种障碍物的位置。

（9）日本政府在台湾现在军用物资种类。

（10）台湾各港海军工厂的位置图（附说明书）。

（11）台湾各港海军仓库清册等。

5. 为监视日军执行第 1 号备忘录，在台北设立前进指挥所，派葛敬恩中将为主任，对他们的任何要求都要迅速照办。

6. 投降实施的手续、时间与地点另行通知。

同日，陈仪将军致安藤利吉的第 2 号备忘录，要求日军准备军粮。6 日下午 3 时，前进指挥所全体官兵在台湾总督府官邸旧址举行第 1 次升旗典礼。4 时，葛敬恩将军将第 1、2 号备忘录交给日军第 10 方面军参谋长谏山春树将军。

8 日上午 9 时 10 分，前进指挥所在台湾原总督府官邸与日军进行第 1 次谈话，中方参加人员有范涌尧、翻译林忠日，日方有谏山春树等 2 人。

谏山春树说："贵方对日军的处置问题，一定照办。为了有利于贵国，今建议：

1. 在停战后，日军力求自力更生。

2. 除自给外，我们愿意协助贵国复兴台湾经济，帮助台湾建设。

3. 希望日军集中一处，不要移动过远。

4. 日军在台的自给计划，将派主办参谋前来报告。

5. 日军在台除自力更生外，各技术兵种还要为贵国的经济建设出力。”

范涌尧说：“从 11 日开始，贵方派 1 名联络员来我所工作，以便随时接洽。”

谏山说:“如果有时间，我当常来请示。”当即又报告了台湾日军一般的配置:

1. 第 9 师团驻台北新竹。

2. 第 8 飞行师团原驻新竹，现集中在台中。

3. 第 7 师团驻台南。

4. 第 12 师团驻台南南部及高雄一带。

5. 第 103 旅团原驻淡水，现已移驻高雄。

6. 第 76 旅团原驻基隆，现已移驻台南附近。

7. 第 54 师团驻屏东。

8. 第 66 师团原驻台北，现已移花莲港。至于台东铁路沿线，战争结束后，驻台北日军迁往他处。

9. 澎湖岛的军队部署未动。

10. 已有一部分军队在垦荒，以求自力更生。请示贵军到达日期，以便准备一切。

范说：“视海运情形而定，已有一部分军队于 12 日自宁波起航。”

谏山说：“台湾治安问题，目前尚无暴动事件发生，但小事还常有发生，拟于各地增派宪兵协同警察维持治安，目前各地宪兵共有 1.6 万人，并配有武器，今后对宪兵的处置，请示指示。”

范说：“要请示后才能决定。”

谏山说：“现在日军已经移动，将如何处置呢？”

范说：“可暂时按你们的计划进行。你们移动计划与我方要大致相同，以后再详细研究。”

谏山说：“为避免部队意外的移动，请多赐联络。”

范说：“行政公署和警备总司令部约 200 人将来台湾，办公室及宿舍要准备，军队的营房及设备亦要考虑；陆、海、空统一接收；高雄附近有 6 千吨的沉船，应由贵方海军负责扫清；中国国庆庆祝大会，请维持秩序。”

10 日是台湾光复后第 1 个国庆日。为了庆祝抗战胜利和台湾重归祖国怀抱，决定于上午 10 时举行盛大的庆祝典礼。这天，台湾前进指挥所全体官兵、地方士绅、从台湾各地来的民众，都到台北市旧会会堂参加庆祝大会，盛况空前。下午6时，台湾前进指挥所于总督官邸旧址举行宴会，招待盟军及台湾地方代表。

11日上午9时，范涌尧在原总督府官邸与日方第2次谈话。中方参加人员有范涌尧和朱嘉宾课长，日方参加人员有谏山春树和杉浦中佐。谈话内容如下：

范说："今后中日各部门负责人的会谈，由各部门负责，随时请示；中方军队在基隆登陆，请速准备；贵军移动后，详细位置及时报告。"

谏山说："贵方的指示照办；原台湾总务部长仍在日本总督府，请盟军允准他来台湾担任移交事务；日军在10月15日前调动完毕。"

根据台湾省警备总司令的规定，15日以前，日军应从大园庄、桃园街、莺歌庄、土城庄、新店庄、平溪庄、贡寮庄、三貂角相连以北地区撤出；20日以前，日军应从中港、头分庄内湾、北埔庄、角板山、阿王山、员山庄、二结、三结相连以北地区撤出。

中国军队进入台湾后的部署如下：

1. 台北地区指挥为第70军军长陈孔达中将，17日在基隆登陆，先以一团兵力占领滩头。登陆后，向宜兰、台北、淡水、新竹各要点推进。另一部分军队于26日基隆登陆后，向新竹地区前进。

2. 台南地区指挥官为第26军军长黄涛中将，11月18日在左营军港登陆。一部于22日在高雄登陆，另一部于26日亦在高雄港登陆，逐次向屏东、台南、嘉义、台中等地区，对敌监视警戒。

3. 特务团与海军第2舰队于10月22日在淡水、基隆两港登陆，向台北、高雄推进。

4. 空军第22、23两地区司令部，已于9月14日、26日，在张廷孟司令率领下，分驻台北、台南。

5. 宪兵第4团在高维民团长领导下，以一个连于10月8日在淡水登陆，团部及第1连于10月24日登陆，其余陆续向各港口登陆。

6. 通信连在连长彭寿鹤的领导下，于12月12日在基隆港登陆，进入台北市。

台湾省警备总司令部及行政长官公署207人在柯远芬参谋长领导下，于10月9日由重庆飞上海，11日乘轮船，经宁波、镇海，17日在基隆港登陆，进驻台北市。25日，台湾前进指挥所撤销，工作人员回原单位服务。

（三）受降经过

10月25日上午，中国战区台湾省受降典礼在台北市中山堂（即公会堂）举行。

参加受降典礼的有台湾省警备总司令部、行政长官公署主要官员及各军军长、师长、舰队司令、空军司令、国民党省党部主任委员、国民政府各部会特派员等，盟军代表顾德里上校、柏克上校、和礼上校等19人，台湾地方代表林献堂、陈炘、杜聪明、罗万俥、林茂生等30余人，日本投降代表安藤利吉大将、台湾军参谋长谏山春树中将、总务长官代理农商局长须田一二三、高雄海军警备府参谋长中泽佑少将等人。10时，鸣礼炮典礼开始。陈仪将军主持受降典礼，他宣布："台湾日军已于9月9日在南京投降，我奉命为台湾受降主官，现将第1号命令交于日本台湾总督兼第10方面军司令官安藤利吉将军受领，希望遵照办理。"随即将命令及命令受领证由柯远芬参谋长转交安藤利吉将军，安藤在受领证上签名盖章后，由谏山春树将军恭呈陈仪将军。陈阅后认可，令日军投降代表退席。接着，陈仪即席发表广播讲话："本人奉命为台湾受降主官，受降典礼于10月25日在台北市中山堂举行，均已顺利完成。从今天起，台湾及澎湖列岛，已正式重入中国版图，所有一切土地、人民、政事皆已置于国民政府主权之下，这种具有历史意义的事实，本人特报告给中国同胞及全世界周知。"

下午3时，台湾各界人民代表在中山堂举行台湾光复庆祝大会，陈仪将军亲临大会致辞。

安藤利吉将军自接受陈仪将军第1号命令后，所有职衔被解除，改任台湾地区日本官兵善后联络部长，接受陈仪将军的指挥。

11月1日，台湾警备总司令部为统一领导台湾地区的军事接收工作，成立台湾地区军事接收委员会，设主任委员1人，由警备总司令兼任；副主任委员1人，由警备总司令部参谋长兼任；委员若干人，由第62军、72军军长，海军第2舰队司令，空军第22、23地区司令，警备总司令部副参谋长及各处处长，宪兵第4团团长兼任。委员会设处长处，处长1人，由警备总司令部副参谋长兼，负责处理经常业务。下设专门委员及秘书、参谋、副官、军需、书记、司书若干人，陆军1、2、3组及海军、空军、军政、宪兵7个接收组。同时成立2个点验组，直属接收委员会。

第1组组长苏绍文，从1946年2月14日开始，先后点验台北、基隆、淡水、宜兰、花莲、新竹等地区陆军第3组及宪兵、军政等组接收军品的情况，3月18日点验完毕。

第2组组长周镜澄，从1946年2月5日开始，先后点验台中、嘉义、台南、高雄、马公、屏东地区陆军第2组及军政、宪兵、海军等接收组接收军品的情况，3月10日点验完毕。

日军在台湾的兵力到投降时，有第10方面军的5个陆军师团、6个独立混成旅团、1个空军飞行师团及海军等，共计18万余人。

陈仪将军以“军字第1号”命令台湾地区日本官兵善后联络部部长安藤利吉投降日军缴械时间与集中地点：

1. 日军第10方面军司令部、台湾军管区司令部、独立第34通信联队、独立第213自动车中队、前教育队的武器，于11月1日开始缴给警备总司令部参谋长柯远芬将军指定的部队接收。日军在指定地点集中。

2. 日军第66师团的武器，缴集于台北各仓库，自11月1日开始，由陈孔达军长指定部队接收。日军集中台东市。

3. 日军独立第214、308自动车中队的武器，自11月1日起，缴集于台北市，由陈孔达军长指定部队接收。日军集中士林。

4. 日军独立第42工兵联队的武器，从11月1日起，缴集于台北市，由陈孔达军长指定部队接收。日军集中东西园町。

5. 日军第76独立旅团的武器，缴集于基隆各仓库，从11月3日起，由陈孔达军长指定部队接收。日军集中善化。

6. 日军第22独立旅团的武器，从11月8日开始，缴集于宜兰及罗东仓库，由陈孔达军长指定部队接收。日军集中苏奥市郊外。

7. 日军第28船舶工兵联队的武器，从11月6日开始，缴集于八堵火车站仓库，由陈孔达军长指定部队接收。日军集中基隆地区。

8. 日军第103独立旅团的武器，从11月5日开始，缴集于淡水各仓库，由陈孔达军长指定部队接收。日军集中新营。

9. 日军第102独立旅团的武器，缴集于苏奥火车站仓库，由陈孔达军长指定部队接收。日军集中花莲港市郊外。

10. 日军第9师团的武器，缴集于新竹火车站仓库，从11月1日起，由陈孔达军长指定部队接收。日军集中新竹、桃园地区。

11. 日军在台北、新竹及花莲港厅要塞部队的武器，在原地送缴，由陈孔达军长指定部队接收。

12. 日军下列各部队的武器，从11月1日开始，缴集于下列各地仓库：

（1）第 12 师团、第 305 自动车中队等武器，缴集于台南市区内。

（2）第 50 师团、独立混成第 100 旅团等武器，缴集于高雄市区内。

（3）独立混成第 75 旅团、独立工兵第 64 大队、第 354 自动车中队、第 9 铁道兵大队等武器，缴集于台中市火车站。

（4）泼刺部队的武器，缴集于马公市。

（5）在台中、台南、高雄三州，台东、澎湖二厅要塞部队等武器，在原地缴械。

13. 在台湾日军陆军的工厂、货物厂、病院、兵事部、俘虏收容所及一切营建，仓库设备、武器等，除别有指定外，统归军政部特派员李进德指定人员接收。

14. 日本高雄警备府司令长官所属台湾、澎湖海军部队，泼刺部队的武装、舰艇、武器、设备、物资等，台湾、澎湖所有军警公用船舶等，分别集中台北、基隆、高雄、马公、北港，自 11 月 1 日开始，由中国海军第 2 舰队司令李世甲指定人员接收。

15. 日军陆军第 8 飞行师团，台湾、澎湖的日本海军航空部队，民用航空飞机等，凡在大港口至南蜀、水溪之线以北的，自 11 月 1 日开始，由中国空军第 23 地区司令林文奎指定人员接收。在上述线以南及澎湖区域的，由中国空军第 22 地区司令张柏寺指定人员接收。

16. 台湾、澎湖宪兵队，除暂留 1800 人负责日军内部军风纪的维持外，其余的宪兵由中国宪兵团长高维民派员接收。台北州、花莲港厅、新竹州的宪兵，由陈孔达军长派人接收；澎湖列岛的宪兵，由海军李世甲派人接收。

17. 台湾的日军归国日期另定。

18. 日军缴集的武器都要详细造册，签名盖章。

另据冷欣将军的回忆，鉴于当时台湾日军的分布状况，投降部队并没有集中地点缴械，而是在比较分散的情况下进行，因而有关缴械的时间可能有些出入：台北市日军第 10 方面军司令部缴械最快，11 月 15 日至 17 日由第 70 军接收完毕。台中最慢，日军空军第 8 警卫师从 11 月 1 日开始缴械，由中国空军第 22 地区接收，至 1946 年 1 月 13 日才缴完，历时 74 天。新竹日军第 9 师团从 11 月 5 日开始缴械，12 月 10 日由第 70 军第 75 师接收完毕。丰原日军独立第 75 旅团于 12 月 11 日开始缴械，1946 年 1 月 13 日由第 62 军第 157 师接收完毕。嘉义日军独立第 103 旅团自 11 月 12 日开始缴械，12 月 5 日由第 70 军第 75 师接收完毕。善化日军独立第 72 师团从 12 月 1 日开始缴械，15 日由第 62 军第 95 师接收完毕。高雄日军独立第100旅团从12月16日开始缴械，至1946年1月13日，由第62军第95师接收完毕。潮州日军第50师团从12月10日开始缴械，20日由第62军第157师接收完毕。台中、嘉义地区的日军第71师团从12月7日开始缴械，至1946年1月3日，由第62军第157师接收完毕。澎湖列岛日军守备队从11月15日开始缴械，至1946年1月13日，由海军第2舰队接收完毕。

越南地区

1945年8月18日，中国战区最高统帅电令第1方面军卢汉为越南北纬16度以北地区受降主官，指挥第52、60、62、93军，暂19、23师，第93师，负责接收越南北纬16度以北地区。日军投降部队为第38军。中国陆军第52军抵海防后，即船运至大沽口，转赴大同、张家口等地。25日，中国陆军总司令何应钦电示第1方面军司令官卢汉中将，日军投降部队为第38军所属第22、37师团及不明部队等，集中地点由卢汉将军决定。日军投降代表为土桥勇逸，投降地点在河内。

卢汉将军接到受降任务后，即着手准备在河内举行受降仪式。9月2日，国民政府行政院顾问团人员一行飞抵河内，与当时已在河内的中国陆军第1方面军司令官卢汉中将会合。28日上午，卢汉将军在河内总督府举行受降仪式。日军投降代表土桥勇逸在命令受领证上签名盖章后，呈递卢汉受降主官，卢汉检视后令其退席。接着，卢汉用中文和越文发表文告："中国军队非为越南之征服者或压迫者，而为越南人民之友人和解放者。凡越南北纬16度以北地区之一切行政之监督、军事之管理均归本司令官负责，各级行政机构照旧，互相发挥效能，保证和平，维持秩序。凡任何聚众骚扰，不论是何人发动，亦不问是何理由，均以危害社会治安、损害人民生命财产论处。本司令对于破坏秩序的企图及行为，将执法以绳，予以制裁，毫不宽容。凡从事正当职业，虔诚信奉宗教及寻找合法权益之善良人民，不论任何国籍，本司令予以保护。全体人民应服从本司令官颁布的规章、命令，遵守现行法律，并与中国军队切实合作。在日本侵略者尚未完全遣回、和平秩序并未获得保障以前，本司令官实握越南北纬16度以北地区的最高权力，如有必要，决不惜使用此最高权力，以期同盟军的目的能够达到。”

10 月 1 日，何应钦亲自飞抵河内视察，卢汉等举行宴会欢迎，河内的中、美、法、越领导人出席了宴会。4 日，何应钦召集中国军政要人开会，命令日军于 10 月 31 日缴械投降，解除武装；11 月 10 日前，完成日俘集中。7 日，卢汉接到中国政府重要指示：中国驻军必须切实掌握铁路沿线及海口。日军缴械投降、日俘被遣送回国后，中国军队即行撤回中国境内，不要接管越南民政机构。至 1946 年 3 月 23 日，越南北纬 16 度以北地区的中国军队全部撤回中国境内。

潮汕地区

1945 年 8 月 18 日，中国战区最高统帅蒋介石电令第 7 战区司令长官余汉谋中将，指派他为第 7 战区受降官，指挥各部队，负责接收曲江、潮汕地区。投降日军为第 23 军的一部分。22 日，中国战区中国陆军总司令何应钦将军致日军冈村宁次“中字第 2 号备忘录”中指出：第 7 战区司令长官将派出前进指挥所于汕头。25 日，何应钦将军电示余汉谋将军，指派他为该战区受降主官。日军投降部队为第 104、130 师团，炮兵一个大队与步兵两个大队集中汕头，投降代表原为第 104 师团长，后改为第 23 军司令官田中久一，投降地点在汕头。

余汉谋将军收到上述命令后，将所属各部推进到受降点，并指令日军集结，等候中国战区的军队缴械投降。同时在汕头组成前进指挥所，准备受降。旋即余汉谋将军抵汕头主持受降仪式。

余汉谋将军率领受降人员来到礼堂，令日军投降代表田中久一在受领证上签字盖章，随后恭呈余将军。余检视后，令日军投降代表退席，受降仪式结束。

山东地区

1945 年 8 月 18 日，中国战区最高统帅蒋介石电令第 11 战区副司令长官李延年中将，指派他为受降官，指挥山东挺进军及第 19 集团军所辖第 12、97 军，负责接收青岛、济南、德州地区。投降日军为第 43 军的主力。中国陆军第 8 军等广州海港开放后，即船运青岛，归李延年将军指挥。22 日，中国战区中国陆军总司令何应钦将军致日军冈村宁次“中字第 2 号备忘录”中指出：第 11 战区副司令长官将派出前进指挥所于济南。25 日，何应钦将军电示李延年将军，指派李延年为济南、青岛、德州地区受降主官，日军投降部队为第 43 军及所辖独立第 5 旅团、独立第 12 警备队及海军陆战队（集中青岛），独立第 11 警备队（集中济南）。以后又有变化，即独立第 5 旅团，独立步兵第 1 旅团，独立第 12 警备队及青岛方面特别根据地（集中青岛）；第 13 军一部分，第 47 师团，独立第 9、11 警备队（集中济南）。投降代表为第 43 军司令官细川忠康，投降地点在济南。

李延年将军根据上述电令，命令部队向日军据点推进，同时命令日军向指定地点集结，准备缴械投降。接着，李延年将军等飞抵济南，主持受降仪式。待日军投降代表细川忠康中将等人坐定，李延年先自我介绍，然后令人将第 1 号命令及命令受领证交日军投降代表细川忠康。细川签字盖章后，恭呈李延年将军。李检视后，令日军投降代表退席。该地区受降结束。

热察绥地区

1945 年 8 月 18 日，中国战区最高统帅蒋介石电令第 12 战区司令长官傅作义上将，指派他为战区受降官，指挥原辖部队，负责接收热、察、绥 3 省地区，日军投降部队为驻蒙军。22 日，中国战区中国陆军总司令何应钦将军致日军冈村宁次“中字第 2 号备忘录”中指出：第 12 战区司令长官将派出前进指挥所于归绥。25 日，何应钦将军电示傅作义将军，派他为该战区受降主官。日军投降部队为第 118 师团、独立第 2 旅团、独立第 4 警备队及热河省内部队，集中地点由傅作义将军决定。日军投降代表为蒙疆军根本博，办理投降地点在归绥。

傅作义将军接到命令后，即派战区司令长官、前进指挥所主任等人飞抵归绥，同时命令所属部队向日军据点推进。又命令日军向指定地点集结，等候向中国军队缴械投降。傅作义将军旋即飞抵归绥，主持受降仪式，并将第 1 号命令及命令受领证令人交给根本博。根本博在命令受领证上签字盖章，恭呈傅将军。傅检视后，令日军投降代表根本博等人退席，受降仪式结束。

上海南京地区

1945年8月18日，中国战区最高统帅蒋介石电令第3方面军司令官汤恩伯中将，指派他为受降官，指挥新6军及第74军（自湖南芷江空运至南京、上海），负责接收南京、上海地区，日军投降部队为第13军。22日，中国战区中国陆军总司令何应钦将军致日军冈村宁次“中字第2号备忘录”中指出：第3方面军司令官将派出前进指挥所于上海。25日，何应钦将军电示汤恩伯将军，派他为受降主官。日军投降部队为第13军所属第60、61、67师团（集中上海），第6军所属第161师团、独立第90旅团、独立第1警备队及空军地面部队与降落伞部队（集中南京）。后来又有改变，具体为第13军部分兵力，第27、31、60、69师团，独立第89、90旅团，上海方面根据地队海军特别陆战队（集中上海）；第6军部分兵力，第3、34、40、161师团，独立第1警备队（集中南京）。投降代表为第13军司令官松井太久郎（在上海）和第6军司令官十川次郎（在南京），分别向汤恩伯司令官、廖耀湘军长投降。

汤恩伯将军接到命令后，将所属部队空运上海、南京，接替日军的防务。同时命令日军向指定地点集结，准备向中国军队缴械投降。

上海方面：汤恩伯将军飞抵上海主持受降仪式，并将第1号命令及命令受领证令人交给松井太久郎。松井在命令受领证上签字盖章，恭呈汤将军。汤检视后，令日军投降代表退席，上海受降仪式结束。

南京方面：新6军军长廖耀湘是随冷欣将军等进入南京的，并主持了南京方面日军投降仪式。日军投降代表十川次郎在命令受领证上签字盖章后，恭呈廖将军。廖检视后，令其退席，受降仪式结束。

九

遣俘遣侨

遣俘遣侨部署

日本政府无条件投降后，日军在华的兵力有100余万人，加上侨民，总计为1971518人。根据同盟军总部的规定，中国战区要将这些日俘、日侨遣送回国，这是一项十分艰巨的任务，需要进行周密的部署。1945年9月、10月25日至27日、1946年1月5日，中国战区先后3次在重庆、上海召开中美联席会议，讨论部署遣俘、遣侨工作。这3次会议，是盟军总部在东京召开中国战区遣俘、遣侨会议的预备会。

（一）重庆会议

1945年9月，重庆召开的中美联席参谋会议，制定了遣俘、遣侨计划。同时，与东京盟军最高统帅部取得联系，并向麦克阿瑟元帅请求提供下列情报：（1）将来可能给予中国战区遣俘、遣侨的船舶数量；（2）从中国战区遣送日俘、日侨到日本，盟军的接收计划；（3）中国战区一直未获得东北日俘、日侨的遣送计划，希望能得到这方面的情报。中美重庆会议预测，同盟国的政策是将现存的日本船舶由盟军最高统帅部统筹支配，主要是用来遣送日俘、日侨以及由盟军最高统帅指定的其他任务。在短期内，中国战区可以得到运输的船只，因此要求：（1）对中国战区遣俘、遣侨工作应有一个完备的计划。（2）中国战区对日俘的调动、日侨的集中、粮食的供应以及各地的通信等，按下列计划进行：a. 广州区日俘、日侨，从广州回国。b. 南京、上海区的日俘、日侨，从上海回国；长沙区的日俘、日侨逐渐东移，也从上海回国。c. 平、津、张家口的日俘、日侨，从大沽口及秦皇岛回国。d. 青岛、济南区的日俘、日侨，从青岛、烟台回国。e. 汉口区的日俘、日侨，最后一批从青岛、烟台回国。中国其他地区的日俘、日侨遣送完毕后，便开始遣送中国东北的日俘、日侨。最后遣送在越南北部和台湾的日俘、日侨。

中美为完成上述遣俘、遣侨计划，需要500多只的日本大小船，否则，任务就很难完成。

中美重庆会议还认为，中国战区为了完成遣俘、遣侨计划，中国陆军总司令部需要得到下列情报：（1）日俘、日侨的准确数字，粮食的库存量及可以提供使用的车辆；（2）日侨财产状况；（3）何时能结束遣俘、遣侨工作；（4）日本所不能供给的粮食数量及其需要的补给数量。

中美重庆联席会议后，旋即在上海召开两次联席会议，进一步讨论中国战区如何迅速办理遣俘、遣侨工作。

（二）第1次上海会议

1945年10月25日至27日，中美在上海召开第1次遣俘、遣侨联席会议，制定了遣俘、遣侨总则和第1、2阶段遣俘、遣侨计划等。总则规定：（1）中国战区的日俘、日侨由中国政府负责遣送。遣送中工作要尽量利用日方工作人员；中国战区的美军总部及其继承者要派人协助，并担任中国政府与盟军最高统帅及美国海军之间的联络工作。（2）遣送日俘、日侨分为2个阶段：第1阶段，是向港口输送与上船前的检查，由中国陆军总司令部担任；第2阶段，是在中国大陆、台湾及日本之间的水运，用登陆艇遣送，由美国第7舰队担任。（3）由中国战区、美军在华总部成立一个遣送日俘、日侨联络部，负责中国陆军总部与盟军统帅部及美国第7舰队的联络工作。

在第1阶段遣俘遣侨工作中，又分几个方面进行：（1）所有检查登记用的表册，由中国政府办理；（2）日俘、日侨上船前的卫生检查，由中国陆军总司令部负责，有传染病者不得上船；（3）战争罪犯由中国政府检查和扣押，同时规定了检举战争罪犯的手续（见本书附录十七）；（4）在日俘、日侨上船前，对违禁品进行检查；（5）对携带款额要进行限制；（6）对航程中粮食供应的规定；（7）日俘、日侨上船前，进入港口的集中营。

第2阶段是关于中国大陆、台湾及日本之间的水运。中国使用的港口为上海、天津、青岛，待中国南部扫雷工作结束后，可以适当增加港口。如果使用商船遣送，将由东京麦克阿瑟总部船舶管理处统一办理。航运的管制，仍由美国第 7 舰队负责。

在使用美国海军船只方面也作了详细的规定。据美军估计，1945 年 11 月 15 日，可使用登陆艇 14 只；12 月 15 日，可使用登陆艇 107 只。同时，美国海军在天津至秦皇岛、青岛、上海以及在日本的佐世保、鹿儿岛、博多和朝鲜的釜山、仁川等地派出代表，与各港口的美国陆军或海军陆战队取得联络。

此外，中美双方得知盟军最高统帅部制定的遣俘、遣侨政策是：(1）尽量利用日本的兵舰和商船。(2）如果遣送用的是货船，不能影响运载货物。(3）所有遣送船的服务人员及给养，由日本政府尽量供应。(4）日俘优先遣送，其次是日侨。(5）日俘上船前，必须全部解除武装。(6）在太平洋陆军总部及太平洋区总部管辖下的日俘、日侨的遣送，由盟军最高统帅部规定船舶比例，分别派往各地使用。必要时，特别区可以优先遣送。(7）中国陆军总司令部、东南亚盟军最高统帅部、澳洲陆军总部、苏维埃远东总部等管辖区内的日俘、日侨，均由盟军最高统帅部作适当处理。

（三）第 2 次上海会议

1946 年 1 月 5 日，中美双方在上海召开第 2 次遣俘遣侨联席会议。美方出席人员有：美军在华总部魏特曼上校、汉纳上校、泰伯尔中校、古德上校、麦克纳米上校、费沙尔上校、米都顿准将，第 7 舰队牛顿上尉、夏其斯指挥官，战时船舶管理处费勒、本德及南京联络部凯森少校；中国出席人员有：军政部刘心怡少将，中国陆军总司令部曹士澄少将、刘崇曦上校，交通部船舶调配委员会秘书长徐学禹、副秘书长韦焕章，中国后勤部水路军运指挥部上海办事处主任金铎，第 1 区铁道军运指挥部上海办事处副指挥官周啸潮。

会议讨论的中心问题是中国战区接收日本船只，由中国内地输送日俘、日侨到各个港口的运输率，以及中国对于即将接收的 25 只自由艇所能提供的确切海员人数。此外，由日本海员驾驶的 100 只自由艇及 100 只登陆艇，由麦克阿瑟总部船舶管理处负责移交；中国战区接收这 200 只船以后的运输率，则由中国战区自行决定。美国停留在上海的海军登陆艇至 1946 年 2 月 20 日以后，就不再遣送日俘、日侨。驻留华北的美国海军登陆艇，至 1946 年 3 月 1 日可能撤退。所以，自 1946 年 3 月 1 日起，美国第 7 舰队指挥的登陆艇就不再负责遣送日俘、日侨的工作。会议还讨论了一些特殊的问题，例如华南的日俘、日侨运至海港是否有困难等。讨论这些特殊问题的时候，是以对话的方式进行的：

魏特曼：华中包括南京、汉口、杭州及上海以西一带地区。中国的运输工具，包括水路、铁路、步行。但每日运送到上海的日俘、日侨不足1万人，这是什么原因？

曹士澄：从3月1日开始，从汉口用船输送日俘、日侨至上海，每月为3万人。

魏：运到上海港口的日俘、日侨的人数，必须相对增加。

韦焕章：日军管理的登陆艇是否可以通到南京？

魏：日军管理的登陆艇不能通至南京。美国海军登陆艇也另有任务。

韦：每日运送1万人至上海，实在有困难。

魏：如果用水路、铁路和步行同时进行，其运输量可以增加多少？

韦：中国战区还要用一些船只运送还都人员。

魏：希望尽快将汉口的日俘、日侨运送到芜湖。

韦：从汉口运送日俘、日侨至芜湖也很困难。因为已集中在南京、上海的日俘、日侨有42万人，根据上海港口的遣送率，42万人的输送需要1个半月或2个月的时间才能遣送完毕。最好能用日军管理的登陆艇运送广州的日俘、日侨。

魏：3月1日至15日，将海南岛的日俘、日侨集中到海口、三亚，将越南的日俘、日侨集中到海防，以便在3月1日至4月1日之间遣送他们。

曹：越南的洪街、茶鳞等港口，也可用来遣俘、遣侨。

魏：完成华中、华南、台湾、海南岛及越南的遣俘、遣侨后，华北的遣俘、遣侨运输率如何，应拟定一个运送计划，即将他们送到青岛的计划。至于东北的遣俘、遣侨工作，需要通过盟军总司令部获得详细的情报。

下午，中美继续上午的会议，出席人员与上午相同。讨论的主要内容：（1）从中国内地运送日俘、日侨至连云港的运输状况；（2）从汉口、南京、杭州运送日俘、日侨至上海的运输状况等。

1946年1月15日，盟军总部在东京召开中国战区遣俘、遣侨会议，主要内容如下：

1. 任务：联合国参谋长已通知在中国战区的美军总司令部，命令他们协助中国战区遣俘、遣侨。

2. 责任：（1）日军投降后，中国政府负责运送日俘、日侨至海港地区集中，日俘、日侨如何集中到海港？中国政府应认真考虑，并充分准备，由中国陆军总司令部直接负责。

（2）美军在华总部负责与中国陆军总司令部、美军第 7 舰队、东京盟军总部、日本船舶管理处的联络工作。

（3）美国第 7 舰队负责美国海军船只，海运日俘、日侨。

（4）日本船舶管理处负责日本船员管理的船只，海运日俘、日侨。

3. 措施：（1）美军在华总部可以决定和安排中国战区各海港遣俘、遣侨先后次序，并指挥各方面来华的遣俘、遣侨船只。

（2）美国第 7 舰队遣送船只的责任是：担任与美军的联络工作，并指派专人负责指挥、调动进出各海港的船只。

（3）日俘、日侨离开海港的规定：日俘、日侨的输送记录，由中方负责；中国陆军总司令部接受美军的督导，在日俘、日侨上船前办理疫病检查，可以用日本医务人员办理此事，患有传染病的不准上船；中国政府负责在日俘、日侨中搜查战争罪犯；中国政府负责检查违禁品。航行中日俘、日侨的给养：美国海军船舰，由中国遣送管理处准备；日本船舶管理处的船只，由日本准备。日俘、日侨海港集中营管理所，应该设在登陆码头附近。遣送船离港的船票，由中国海港司令或盟军发放。每艘遣俘、遣侨船配备 2 名日文翻译。

（4）中国遣送日俘、日侨的港口有青岛、大沽、上海、台湾、广州、连云港，优先遣送日俘。

4. 朝鲜人的遣送：在日本的朝鲜人，优先遣送回国；中国华北地区有 6000 名朝鲜人，从青岛、天津遣送回国；上海有 4000 名朝鲜人，从上海遣送回国；在上海、青岛、天津等地成立朝鲜联络队，办理遣送朝鲜人的工作。

5. 中国侨民的遣送：盟军最高司令部利用返回中国战区的船只，遣送中国侨民回国，并制定了遣送办法：华北地区的侨民，在日本福冈上船；华中、华南的侨民，在日本鹿儿岛、吴港上船；台湾的侨民，在日本吴港、鹿儿岛、浦贺上船。

6. 中国、越南各海港，除华北由美国海军陆战队负责外，其他地区概由美国陆军遣送负责，并与中国遣送队、美国第 7 舰队以及日本船舶管理处联系与协调工作。

7. 对日俘、日侨邮件的处理：日俘、日侨在遣送回国前夕，允许他们寄回国的官方通讯，仅限于有关日俘、日侨遣送的消息；私人函件用明信片书写；禁止书写商业及财政方面的通讯；来往信件，均需经过有关方面检查。

东京会议还有几个附件：医疗程序；搜捕战争罪犯法规；遣送的财政整理；遣送的补给办法；船票；遣送时海港应准备的有关记录及被遣送人数的规定；日俘、日侨所需医疗船只的数量及地点。

日俘日侨的集中

中国战区为了集中管理战俘，制定了《战俘管理计划纲要（草案）》：（1）国民政府军事委员会下设战俘管理委员会，由军政部、政治部、军令部共同组织。战俘管理委员会设上将主任1人、中将副主任2人、委员7人，下设教导组、编印组。（2）中国陆军总司令部下设中国陆军总司令部战俘管理委员会，由中国陆军总司令部、政治部、后勤部各派2名代表组成。他们接受军事委员会战俘管理委员会教导员指导，负督导的责任，并与各部门之间进行业务联系。日本战俘的管理、训练、遣送，则有各主管机关办理。（3）中国各战区、各方面军司令部下面，增设战俘管理处，接受中国陆军总司令部战俘管理委员会的指导。战俘管理处的编制：设少将处长1人，上校副处长1人，中校参谋3人，上尉副官1人，少校军法官1人，书记、司书各2人。下设总务、教育、军需3个组。此外，各管理处视战俘集中的人数，可以编成若干管理所。（4）战俘管理处的工作人员，要求对日本情况比较熟悉，而且会日语的人来担任。（5）战俘管理处的工作任务：日方重要文献的呈缴和搜集；日俘中专业人才的调查与登记；逮捕匿藏的日本战争罪犯，必要时可以分别拘留战犯；调查研究日本各种秘密组织；获得日俘各种军事记载。对参加战俘管理处的工作人员的要求：与日俘的接触必须是为公事，在接触时态度端庄，言语客气，在任何情况下绝对不允许私人感情用事；与日俘接触的宪兵或其他工作人员，事先应给予特别的训练，在与日俘接触时要不卑不亢；拟定的卫生操及一切生活规章制度，应力求合理。在生活管理上，可以选择日俘自行管理。（6）除管理人员对日俘进行教育外，还聘请中外学者、名人对他们进行演讲，让他们明了日本军阀穷兵黩武的罪恶，以及他们战败的原因；日本军阀发动侵略战争的责任；同盟国家为正义、和平而战的意义；联合国宪章及其民主政治思想；揭露日本神权与伪造历史，还他历史本来的面貌。在各战俘管理处设立书、报、杂志阅览室，通过读书学习，使他们了解同盟国家的一般政策。（7）各战俘管理处工作人员的薪水待遇与军队官兵一样。（8）各地战俘食物的供应与当地中国军队相同。其服装数量不够用时，酌量补给。（9）各战俘管理处的经费，由军政部编制预算呈报国民政府批准。未批准前，由军政部垫付。各战俘管理处（所）的名称，根据中国陆军总司令部通令规定；如果为徒手官兵集中营，则加某某地区徒手官兵集中营，其他照此类推。

1945 年 9 月 30 日，中国陆军总司令部颁布了《中国境内日侨集中管理办法》：（1）凡散处在中国境内（东北除外）的各地日本侨民，由各地区中国陆军受降主官指定地区集中，交由当地省市政府进行管理；（2）日本侨民的集中，由各地区中国陆军受降主官命令各地区日本官兵善后联络部长造具名册，分别通知集中；（3）奉命集中的日侨允许携带日常生活用品及原有粮食，不准携带的物品一律点交中国省市政府暂时封存；（4）日侨集中的时间，由各地区受降主官视各地情形而定；（5）在限期内不遵令集中的日侨，由各地区中国陆军受降主官会同地方省市政府强迫集中，且不负责保障其生命安全；（6）指定日侨集中在一个地方，如果集中的房屋不够用时，也可以分别指定数地集中；（7）日侨集中的地方，由各地区受降主官会同省市政府指派专人负责；（8）在日侨集中的地方，设一个日侨集中管理所；（9）日侨管理所设所长 1 人，办事员若干人，管理人员由中国省市政府选派；（10）日侨管理所的劳役、杂役，都由管理所长负责分配；（11）日侨集中地方的警卫，由各地区中国陆军受降主官指派宪警或部队担任，其警卫人员受管理所长指挥；（12）日侨管理规则由各管理所根据当地情形制定，日侨通信要受检查，行动要受监视，日侨的家属允许住在一起，并允许日侨成立自治组织；（13）日侨集中的给养，主副食品与日俘相同，由中国各地省市政府办理；（14）在日侨集中的地方，要对他们进行教育，消除日本军国主义对他们的影响。

日俘日侨的征用

依据 1907 年国际陆战法规第 6 条规定，战胜国有权利用这批劳动力，他们被遣送回国前，在中国战区从事修复交通、通信，及其他各项工程的劳动。在这些日俘、日侨中间，有一部分是工程技术人员和有其他专长的人才。为此，中国陆军总司令部颁布了一系列关于征用日俘、日侨的规定。

1945 年 9 月 30 日，中国陆军总司令部颁布了《中国境内日籍员工暂行征用通则》:（1）各接收委员会在接收各项事业时，对在华日籍员工因工作需要，分别酌情征用。（2）中国各事业部门征用日籍员工的标准：事业不能中断，其技术工作又无人接替;中国暂时缺少这方面的技术人员;业务上非征用不可;特殊情况，非征用不可。（3）征用中的日籍员工待遇，在同盟国家与日本的和平条约未成立以前，仅发给生活费；当和平条约成立以后，如果需要继续雇用日籍员工，薪金另行订定。（4）征用的日籍员工应填写誓书，遵守中国法令，服从主管单位的命令，尽忠职务。（5）凡不征用的日籍员工，照一般日俘、日侨办法处理。

10 月 15 日，中国陆军总司令部颁布了《中国战区日本徒手官兵服役办法》:（1)日本徒手官兵在等待船只回国期间,修复各受降区被破坏的交通、通讯等。（2）各受降区对于所辖区域内的交通、通讯各项修复工程，凡属于地方或特别市者，由各受降主官转告地方省市政府设立工程处，拟定修复计划，请求各受降主官拨给日本徒手官兵。工程处的人员以省政府建设厅，或市政工务局为主。属于中央政府修复的工程，则由中央主管部门派人参加指导。（3）所有修复工程所需要的材料，其工程属省市的，由省市政府筹拨;属中央的，由中央主管部门筹拨。（4）凡军事机关的修复工程，则由各地区受降主官直接命令军事机关筹拨。（5）在指挥日本徒手官兵服务时，应区分其技能，担任适合的工程。同时按工程大小、性质编队。（6）徒手官兵在服务期间，由各地区受降主官发给主副食品。但是，修复被日本侵略军破坏的一切建设，不给工资，如果工作特别勤劳、成绩非常显著者，每月发给奖金一次。个人劳动成绩特别显著的，另发个人奖金，其金额由各地区自行酌定。（7）日本徒手官兵在服役期间，每天工作时间为 8 小时。（8）日俘中各级将、校工程技术人员，根据各地区需要，将他们编入工程队，受中国工程处的指挥，担任工程的计划及指导，并负责传达命令，监督日本官兵工作。

12 月，中国陆军总司令部又颁布了《补充征用日籍员工办法》:（1）各地区征用日籍员工手续，由征用机关呈请各地区受降主官。征用日侨，呈报各地省市政府核准后，向各地日俘、日侨管理处（所）直接调用，由各地区受降主官或省市政府呈报陆军总司令部备案。（2）已征用的日籍员工，由征用单位每半个月向陆军总司令部报告一次。

1946 年上半年，中国陆军总司令部再次颁布《补充日籍人员征用办法规定》:（1）日俘、日侨的遣送，已与美国商定具体计划，配合美国海运计划进行，凡被征用服过劳役的日俘、日侨，可以优先遣送回国。（2）中国征用的日籍人员中，如果是工程技术人员，其工作又无人接替，可继续征用此人，但要呈报各地区受降主官核准后，才能继续征用。征用的工程技术人员如果愿留华工作，可以长期征用；如果不愿留华工作，最后一批遣送回国。（3）征用日籍技术人员时，应按照国际通例规定，不给工资，日籍技术人员工作努力，或成绩优良，由征用单位酌情予以奖励。（4）征用的日籍员工家属应遣送回日本，如果因生活等问题不能及时返回日本，也可以由征用单位斟酌情况，暂准他们的家属留在中国，他们的给养、住宿由征用单位解决。

十

对伪政权的处置

对伪政权的处置

日本帝国主义在中国每侵占一块土地，就扶植一个为他效劳的汉奸傀儡政权，其中比较大的有：1932年3月1日，日本帝国主义一手策划下，在中国东北成立的伪"满洲国"，统治时间长达14年之久。1934年，在内蒙成立的伪"蒙疆政府联合委员会"，同年9月，伪"蒙疆政府联合委员会"改为伪"蒙疆联合自治政府"。1938年1月，先后在北平和南京组织的伪"中华民国临时政府"与"中华民国维新政府"（后并入南京汪伪政权）。1940年3月，在日本帝国主义卵翼下，以汪精卫为头子的南京伪"国民政府"出笼，至1945年8月灭亡。

1945年8月25日，中国战区中国陆军总司令部致冈村宁次"中字第6号备忘录"中明确规定，对在日军占领区内一切行政组织及财政处理如下：（1）凡是在日军驻地区域内，一切行政组织及由日军扶植的伪组织，都应该将原来各组织的人名、财产簿册、档案、票据、土地、房屋、器具、印信等，一律造具清册，指定专人负责保管，听候接收，不得迁移、毁坏、转让、隐匿。这里的行政组织，包括机关、银行、学校、医院，各级组织经办或占有的工矿、商号、仓库及其他公共事业等。（2）凡财政及金融机关，不得再发公债、库券、钞票及类似纸币的票券，已经印好、但还未发出的票券与券版，连同财产、现款、票据、账册以及保管的公债、库券基金、发行钞券的准备金等，一切保管的财产、物资都应该封存，而且要派专人保管，听候接收。（3）日伪军总部及所属部队暨各级粮食管理组织，在各地所控制的粮食、运输工具、包装材料、仓库设备、粮食工厂以及各种粮食器材，均应造册，听候接收。接收前，各种粮食管理的组织都应将各单位的粮食保管好。（4）有关经济生产事业的组织占有或储存的物资，如液体燃料、煤焦、棉花、纱布、丝、糖、茶、豆、羊毛等，都由日军派人连同原经管人负责保管，听候接收。但电力、自来水、煤气、煤矿等，接收前仍要继续生产，以供应各方面的需要。（5）公共事业中，如铁路、公路、水运、空运、电信等交通、通信事业，接收前都应维持正常运转。（6）有关教育、文化的公私财产，如图书、仪器、古书、古物、书版、字画、建筑、雕刻、美术品以及一切文献资料，接收前都应由原来的保管人员保管，不得损坏。

至于伪经理总监部所存档案、文具、家具及所属被服厂（库）、粮秣库与现存服料、军粮，由军政部南京、上海区特派员接收。

9月9日，中国陆军总司令部颁发布告，明令废止伪政府的法令规章，并指出伪政权所颁布的一切法令规章全部废除。凡属因爱国行为而遭伪政权逮捕，触犯伪政权的法律被拘禁、判刑的人，都宣布无罪释放，恢复他们的自由。

至于伪政权各机关的房屋、器皿以及被日伪人员盗走的财物，原则上由国民政府原来机关接收，如果有变动或者机关是新增设的，就应该报请南京市政府的同意，并选定有关的处所，由中国陆军总司令部核准后，方能接收；日伪机关公私器皿全部封存，等待接收人员统一处理；跟随国民政府西迁的机关职员，其私人房产被日伪侵占的，要酌情依法清还，但事先要向南京市政府申请，经过查明无误后，才能追还。

位于南京市西康路18号的房屋，日伪期间曾是伪国民政府主席汪精卫的官邸，邻近的及附属的房屋为汪伪政权公产，留作公用房，任何人不得侵占。

对伪军的处置

抗日战争胜利前夕，对在中国战区内（东北除外）的伪军兵力，有几种不同的统计数字。据冈村宁次呈报：（1）属于南京伪国民政府管辖的伪军有15个军、

52个师、9个旅及特种兵，共计28.2万余人，枪16.8万余支；（2）属于北平伪华北政务委员会管辖的有13个集团（相当于旅团）以及炮兵、工兵，共计5.5万余人，枪4.4万余支；（3）属于伪蒙军管辖的有9个师及其直属部队，共计1.4万余人。三者合计为35万余人，枪21万余支。

据国民政府军事委员会宣报组及各方面军、各战区报告的综合数字：伪军有24个军、64个师、13个旅以及其他小股部队134个单位，共计683569人，枪357254支。

第三种统计数字伪蒙军为9720人，枪6915支；华北伪军为8.45人，枪5.3万支；汪伪军（包括华东、华中、华南）为36.95万人，枪241350支。共计463720人，枪301265支。

面对庞大的伪军，国民政府早在抗战中期就曾积极与各地伪军联络，进行“策反”工作。抗日战争胜利后，颁布了处理伪军条例。

1945年8月11日，蒋介石对沦陷区地下军及伪军发布命令：

> 日本政府于10日晚8时已向中、美、英、苏盟国声明投降，我沦陷区各地下军及各地伪军，应就现驻地负责维持地方治安，保护人民。各伪军尤应乘机赎罪，努力自新，非本委员长命令，不得擅自移动驻地，并不得受未经本委员长许可之收编，仰各凛遵为要，此令。①

24日，中国陆军总司令部电示各方面军、各战区，对于其作战地域的伪军，应负责接受投降，对他们进行处理。同时，还拟定了对伪军临时处理办法：（1）各地投诚伪军已由军委会委派新职者，由各战区指挥；（2）各伪军曾由策反人员接洽投诚或接洽尚未经军委会委派者，由各战区先准其投诚，以待日后处理编遣；（3）各地伪军凡抗不投诚者，由各战区切实剿办；（4）在对伪军正式处理办法未颁布前，暂依临时办法实行。

依据蒋介石的指示精神，军令部制定了《关于伪军暨游击队处理办法》，对伪军的处理原则为所有伪军一律准予投降反正，听候命令整编。命令各地伪军在驻地维持地方治安，固守要点要线，以等待国民政府军队推进。对各地杂军的处

① 国民政府国防部史政局及战史编纂委员会档案，中国第二历史档案馆藏。

置原则为解散或缩小组织，收缴武器，进行改编等。对伪军处置的具体办法为拨补、资遣、整编。对伪军的改编方法以“拨补国军”、“尽量缩编”为主，以“调整干部”、“彻底整训”为辅。

各战区、各方面军对伪军的处置，也可以由各战区、各方面军司令官斟酌具体情形，但一定要拟定处理方案呈报。至于地方伪团队，则由各省政府适当处理，可以改编为保安队或警察。

何应钦在统筹办理伪军的过程中，颁发了很多电令，指示各战区、各方面军司令官密切注视各地伪军动态，开展登记与收编。对江苏境内的伪军收编工作，则以长江为界，苏北、苏中的伪军，归第 10 战区司令长官李品仙收编；苏南的伪军（包括上海市），由第 3 方面军司令官汤恩伯接收。同时，命令第 3 战区司令长官顾祝同支援，相互配合。

关于苏南地区伪军的收编情况：伪军第 1 方面军任援道，收编后的番号为南京先遣军；伪军第 1 方面军第 3 师师长熊育衡，收编后的番号为南京先遣军第 3 师；伪军第 1 方面军第 2 军军长徐扑成，收编后的番号为苏浙先遣军第 1 路总指挥；伪军第 1 方面军第 2 军第 1 师师长程万军，收编后的番号为苏浙先遣军第 1 纵队司令；伪军第 1 方面军第 2 军第 2 师师长任祖萱，收编后的番号为苏浙先遣军第 2 师师长；伪军南汇专员兼司令刘明夏，收编后的番号为第 3 战区淞沪先遣军指挥官；伪军税警团参谋长徐肇明，收编后的番号为第 3 战区“淞遣军”副指挥官；伪军警卫军军长刘启雄，收编后的番号为第 3 战区先遣军第 3 路总指挥；伪军警卫第 1 师师长李枢一，收编后的番号为第 3 战区先遣军第 3 路第 1 纵队司令；伪军警卫第 2 师师长秦汉清，收编后的番号为第 3 战区先遣军第 3 路第 2 纵队司令；伪军警卫第 3 师师长钟健魂，收编后的番号为第 3 战区先遣军第 3 路第 3 纵队司令；伪军中央税警团周佛海，收编后的番号为军委会上海行动总队。其他地方的伪军，则改隶为江苏省政府的地方武装。

旋即军事复员会会议规定：各地自新军、游杂部队以缩编为原则，交由中国陆军总司令部及各绥靖公署、战区负责，按照实际情况与国军的改编同步进行。至 1946 年 4 月，分布在北平行营、郑州绥靖公署、徐州绥靖公署、第 2 战区、东北行营的自新军 238996 人改编结束。昔日的伪军、地方杂牌军、自新军等通过改编，变成了“国军”。

对汉奸的处置

1937 年 8 月 23 日，国民政府军事委员会公布了《惩治汉奸条例》(5 条)。12 月 10 日，又增加没收财产的规定，修正为 6 条。1938 年 8 月 15 日，国民政府将条例进一步修正，公布了 19 条《惩治汉奸条例》。

抗日战争胜利后，中国陆军总司令部对日本帝国主义侵略时充当侵略者汉奸走狗者明确规定:对有罪大恶极的汉奸逮捕法办。命令南京市政府、首都警察厅，对汪伪时期担任简任以上的官员进行监视。这些官员中，除与国民政府地下工作者有关系，已经自首或揭发检举他人有功者外，都应查明行踪，报请处置。如果他们还在南京，应予以监视;要有担保人，随叫随到，听候司法机关对他们的处置。命令南京、上海市政府，首都警察厅查封汪精卫、陈公博等大汉奸的房屋、财产。汪精卫、陈公博、褚民谊、陈群等人都是叛国首要罪犯，他们在南京、上海的房屋、财产、图书杂志应先行查封，听候国民政府处理。在南京的财产，由南京市政府会同首都警察厅妥速查封；在上海的财产，则由上海市政府查封。各省市的重要汉奸也应调查,进行监视,听候处理。国民政府还规定了拘捕汉奸的范围:(1)凡曾担任汪伪组织文武机关及军事院校、部队，武官为上将以上的正副主官，文官为荐任以上的正副主官，在日本侵略者投降后还未自首的人；(2) 在伪组织中担任的职位虽小，但罪行重大，尤其是假借日本侵略者的权势，残害同胞、剥削他人有证据者，从命令所到之日起一律拘捕。

与此同时，蒋介石发了许多手令，规定了各战区司令长官、各方面军司令官逮捕汉奸的消息及其逮捕条例不能随意发表，必须经过蒋介石亲自批准后，才能正式公布。逮捕汉奸，当时还存在着权限不清、责任不明、纠纷不少等原因，因此逮捕汉奸原则上由军统局副局长戴笠全权负责，由戴指派有关人员会同办理，统一指挥，避免分歧。各地拘捕汉奸，一律由戴笠派人到各战区司令长官部及各方面军司令部负责办理此事；拘捕汉奸的情况及名单，一律不许见报；各战区司令长官、各方面军司令官在受降未完成前，应切实注意检扣涉及汉奸的新闻；对已拘捕的汉奸和将要拘捕的汉奸,一律由中国陆军总司令部汇呈蒋介石核示办理。由戴笠指派人员接收，严加看管，各军政当局给予帮助，提供方便。

中国陆军总司令部调查统计室依据蒋介石手令，进一步制定了拘捕汉奸及处理汉奸财产的办法：为防止单独行动，特规定今后拘捕汉奸，必须将名单呈报陆军总司令部核准，由调查统计室转告各有关机关，做到按计划、有步骤地进行。已经逮捕的汉奸，未判决前，其财产由南京市政府查封；家具等先由各机关会同查点登记、集中，由南京市政府保管。在逃汉奸，通知投案自首或通缉逮捕。

中国陆军总司令部还规定拘捕汉奸，清查财产，调查罪行，由有关单位汇报并呈报陆军总司令部核准，由调查统计室主任李人士负责主持，与各有关单位协同办理。在南京逮捕的汉奸，或者由外地扣解来南京的汉奸，均在南京临时拘留所集中，由调查统计室派人严加看管；已经由南京宪兵司令部关押的汉奸，统一移交调查统计室接收，并由南京市区宪兵司令部将人犯详列细册，按名单点收。每名汉奸备照片两张，交接机关各存一份。罪犯的有关文卷、赃物等连同交接，陆军总部指派军法监督部高级职员一人，监督办理。对已经列案的汉奸，其房屋家具列册封存，金银、珠宝、现款送到国家银行保管，其他物资集中放在仓库，详列清册备案；已拘捕的汉奸所需囚粮、副食品等，由第3兵站司令部驻南京办事处照章发给，陆军总司令部调查统计室照规定手续与第3兵站司令部驻南京办事处接洽办理。

1945年11月23日，国民政府公布11条《处理汉奸案件条例》。12月6日，国民政府公布16条现行《惩治汉奸条例》。后来虽有个别改动，但基本内容未变。依据国民政府《惩治汉奸条例》规定，所有汉奸案件均归军法机关审判。1944年11月12日，国民政府公布的《特种刑事案件诉讼条例》规定，除军人为被告者外，都改由司法机关审判。国民政府《处理汉奸条例》则规定被告原属军人、又复任伪军职者，受军法审判，其余则归司法机关审判。

根据1944年11月至1947年10月底的材料统计，国民政府司法行政部据各省市法院已报汉奸案件经检查办结的45679案内，起诉的为30185人，不起诉的为20055人，其他的为13323人。审判办结的25155案内，科刑的为14932人，其中死刑369人、无期徒刑979人、有期徒刑13570人、罚金14人，无罪5822人，其他为10654人。判处死刑的有缪斌、陈公博、褚民谊、梅思平、林柏生、梁鸿志、傅式说、丁默邨等25人;判处无期徒刑的有陈璧君、陈则民、钱谦、周贯虹、郭秀峰、温宗尧等58人；周佛海判处死缓。旋即国民政府通令，1946年年底为告发汉奸截止日期，国民政府对汉奸案件的审判工作宣告结束。

十一

国民党排挤中国共产党参加受降活动

敌后抗日战场简述

中国的抗日战争，始终存在敌后战场和正面战场，两者相辅相成，互相补充，相互联系。早在1934年7月，中国共产党为抗击日军的入侵，派出了一支以方志敏为首的抗日先遣队，向浙赣边境出动。1937年7月9日，红军通电请缨，开赴华北抗日战场。8月22日，经过国共两党多次协商，国民政府公布了红军改编为国民革命军第八路军（简称八路军）的命令，委任朱德为总指挥，彭德怀为副总指挥。25日，中共中央革命军事委员会亦发布同样命令。9月11日，八路军改为第18集团军，隶属于国民革命军第2战区，朱德为总指挥，彭德怀为副总指挥，叶剑英为参谋长，左权为副参谋长，任弼时为政治部主任，邓小平为政治部副主任。下辖第115师，师长林彪，副师长聂荣臻，政训处主任罗荣桓；第120师，师长贺龙，副师长萧克，政训处主任关向应；第129师，师长刘伯承，副师长徐向前，政训处主任张浩。

10月，国民政府颁布命令，改编留在湘、赣、闽、粤、浙、鄂、豫、皖等地的红军游击队为国民革命军陆军新编第四军（简称新四军），军长叶挺，副军长项英，参谋长张云逸，政治部主任袁国平。新四军下辖4个支队：第1支队司令员陈毅，副司令员傅秋涛；第2支队司令员张鼎丞，副司令员粟裕；第3支队司令员张云逸兼，副司令员谭震林；第4支队司令员高敬亭，并兼政治委员。

八路军开赴华北抗日时，正逢日本侵略者举兵西侵。国民政府组织太原会战，八路军参加了会战。根据太原会战作战计划，第115师进攻平型关日军侧后，给日本王牌军板垣师团以沉重打击，歼敌3000余人，这是卢沟桥事变以来，中国军队取得的第一次重大胜利，从而增强了中国人民必胜的信心。

济南、太原相继失守后，中国正面战场的国民党军队退出华北。八路军遵照中共中央指示，在敌后开展广泛的游击战争，建立抗日根据地。1937年至1938年建立的敌后抗日根据地，主要有晋察冀根据地、晋绥根据地、晋察豫根据地、山东根据地、华中根据地等。

1938年9月，日军准备大举入侵武汉、广州时，日本华中派遣军提出《关于武汉、广州两战役善后处理的形势判断》意见，坦然承认日本侵略者对继续入侵中国内地深感兵力不足，日本国内经济形势也不乐观。基于上述原因，提出“不谋求大规模的作战”，而在占领区内“彻底进行治安肃正”，强化伪政权，以战养战。11月，日本大本营制定了《陆军作战指导纲要》，提出在华北要进行大规模的扫荡作战。在华中首先恢复上海、南京、杭州间地区治安，确保主要交通线，要求陆、海军配合行动，保证长江下游的交通畅通。在华南，日军企图切断盟军给中国的补给线。

侵华日军按照《纲要》的要求，暂行停止对中国正面战场的进攻，把主要矛头对准敌后根据地，将50%—60%的部队放在敌后战场，进行大规模“扫荡”，企图消灭中国共产党领导的抗日力量。这一时期的敌后战场态势是：

晋察冀地区：1939年1月，八路军第120师进入冀中，成立贺龙领导下的冀中区总指挥部，粉碎日军三次围攻。第120师于4月下旬，在河南的齐公村歼敌700余人，取得了平原歼灭战的首次胜利。5月，日军企图分割晋察冀军区，八路军主动出击日军据点，歼灭日军400余人。9月，第120师主力奉令转移，途经灵寿县陈庄，歼敌1000余人。10月以后，日军进行大规模的扫荡，晋察冀军民经过43天的苦战，歼敌3000余人，其中黄土岭战斗中击毙日军旅团长阿部规秀中将。1939年1月，成立了冀察热挺进军，萧克任司令员，统一指挥平西、平北、冀东抗日游击战争，粉碎了日军对平西的进攻，巩固了晋察冀边区革命根据地。

晋察鲁豫边区：1939年1月至12月，日军前后调动了10万兵力进行大规模扫荡，分区反复合击。反扫荡军民先后进行大的战斗就有100余次，狠狠打击了日军的嚣张气焰。其中有一次，日军调动了5万余兵力进行大规模扫荡，妄想打通白圭至晋城，邯郸至长治、平定、辽县之间的公路线，控制城镇，分割根据地。驻地第129师进行了艰苦的反扫荡战，最后粉碎了日军分割太行山边区的阴谋。

晋绥边区：第120师东进冀中后，留下一部分部队坚持晋西北的抗日斗争。日军不断进攻，企图将八路军赶出晋绥。1939年，第120师主力部队回师晋绥，粉碎了日军的进攻。接着日军以2万人的兵力进行扫荡，被第120师粉碎。1940年11月，晋西北军区成立，领导了北起大青山、南至汾离公路、东至同蒲线、西至黄河广大地区的抗日游击战争。

山东区：1939年，罗荣桓率领第115师部分主力进入鲁西，与当地抗日武装力量会合后，巩固并扩大了鲁南根据地，他们多次粉碎日军的围攻、扫荡。至1940年，八路军在山东已建立70多个县的抗日政权，壮大了抗日队伍。

鄂豫皖：武汉沦陷后，新四军进入安徽。为了扩大抗日武装，粉碎日军的扫荡，李先念于1939年率领新四军、游击队挺进豫鄂抗日前线，创建了鄂豫边区抗日根据地。

苏皖边区：1939年，新四军陈毅执行中共中央向东巩固、向西作战、向北发展的战略方针。11月，成立江南指挥部，统一指挥在江南的新四军各部与日军战斗，同时抽出部分队伍向江北发展，并开辟太湖、滆湖地区，为东进和北进作准备。接着，新四军与皖东抗日根据地取得联系，为开辟苏北抗日根据地创造了条件。1940年，南下的八路军与新四军会合，于11月成立华中总指挥部，叶挺任总指挥，陈毅任副总指挥并代理总指挥，刘少奇任政治委员，领导华中一带的抗日战争。

东江华南地区：1939年初，华南抗日武装力量遍及整个珠江三角洲，成立了东江抗日根据地。1940年，在海南省琼崖抗日自卫独立队的基础上，成立了琼崖抗日独立游击纵队，以冯白驹为司令员，创建了琼崖抗日根据地。

上述事实表明，中国共产党领导的八路军、新四军和华南抗日武装，深入敌后，建立敌后抗日根据地，抗击了侵华日军，在敌后战场狠狠打击了日军的侵略。

1941年底，太平洋战争爆发，日本大本营需要大量人力、物力和财力来支持战争，首相东条英机则叫嚣：日本在大东亚战争中，将要以中国为兵站基地。于是，日军在经济上拼命掠夺沦陷区的资源，在军事上疯狂进攻敌后抗日根据地。日军在华北地区5次推行“自安强化运动”，划分“治安区”、“准治安区”、“非治安区”。对“治安区”（即日军的占领区），采取以“清乡”为主，加强殖民统治，搜刮各类资源；对“准治安区”（即敌我争夺地方），采取以“蚕食”为主，建立傀儡政权，阻止八路军的活动；对“非治安区”（即抗日根据地），采取以“扫荡”为主，实行野蛮的“三光政策”，制造无人区。这个时期，华北抗日根据地极其艰苦。八路军在异常困难的条件下，与日军展开搏斗，采取灵活的战略战术，粉碎了侵略者的“清乡”与“扫荡”。

晋察冀：1941 年至 1942 年，日军集中 7 万兵力对北岳、平西抗日根据地实行“蚕食”、“扫荡”和“清剿”。根据地军民以高昂、顽强的战斗精神与日军斗争，闻名中外的狼牙山五壮士为了掩护军民转移，在悬崖绝壁与敌人搏杀而壮烈牺牲。日军在“扫荡”中，残酷屠杀中国人民，制造了许多无人村。

晋冀鲁豫：1941 年 4 月，日伪 1 万余人对晋冀鲁豫的八路军进行反复合围扫荡，实行“三光政策”，迫使八路军主力突围，到外线打击日军。1942 年 5 月，日军 2 万余人对第 18 集团军总部进行“铁壁合围”，第 129 师主力转移至外线作战，部分军队被日军合围。在突围战斗中，副参谋长左权光荣牺牲。在冀南地区，日伪平均每日进行两次扫荡，多数抗日根据地被日军强占。随后，八路军派出数十支武工队、游击队开展恢复老根据地、开辟新根据地的斗争。

山东、晋绥根据地：1941 年 11 月，日军以 2 万余兵力，在飞机、坦克的配合下，企图一举消灭八路军。第 115 师在罗荣桓的指挥下，经过艰难曲折的反“扫荡”斗争，粉碎了日军的进攻。1942 年，日军在鲁中、鲁南、胶东、清河、滨海、冀鲁边界筑起 3003 个据点，根据地被分割而变为游击区，或几小块根据地。日军进行“扫荡”的同时，还进行“蚕食”，仅 1942 年上半年，日军就增修据点 300 余个，根据地缩小了 1/3。根据地人民在八路军的领导下，进行了反蚕食斗争，摧毁伪政权、伪军队，广泛开展游击活动，不断地打击日军的气焰。

华中抗日根据地：1941 年，日军集中兵力，向华中新四军所在地进行“扫荡”。7 月，日军 1 万余人进攻新四军军部，新四军派第 3 师进行反扫荡，牵制了日伪兵力。日军不甘心自己的失败，再次向华中新四军进行“扫荡”，又被新四军粉碎。面对新的斗争形势，新四军军部转移到淮南，部分主力转移到外线作战。1941 年至 1943 年，日军对苏南根据地进行“清乡”：第一步为军事“清乡”，第二步为政治“清乡”。日军“清乡”被新四军粉碎后，开始搞“三光政策”，从此新四军与日军的战斗更加艰难。直到 1943 年底，新四军才初步渡过难关，逐步掌握了战场的主动权。

1943年，日军在太平洋战场节节失败，为了打通中国大陆交通线，日军从敌后战场抽调部分兵力进攻正面战场。这一时期，各抗日根据地开展了新的作战攻势。1944年局部反攻开始，抗日根据地随之逐步扩大。

晋察冀：1943年，开展游击战、地雷战，粉碎了敌伪“扫荡”，歼灭日伪军队2000余人。战斗一年，拔除1000余处日军据点。1944年，军民与敌伪军大小战斗4000余次，歼灭敌伪军4万余人，收复5000余个村庄。

晋冀鲁豫：经过1943年的战斗，粉碎了日军多次反复“扫荡”，歼灭敌伪1万余人，丢失的抗日根据地全部收复。1944年，八路军对日军进行攻势作战，一年歼灭敌伪军队7万余人，收复国土20余万平方公里，解放人口500余万。八路军豫西支队渡过黄河，开辟了豫西抗日根据地。

晋西：1943年，组织武工队、游击队深入敌后，经过300余次战斗，歼灭敌伪军队2万余人，解放村镇400余个。1944年，该区军民对日军发动进攻，收复了更多的村庄和城镇。

山东：1943年，收复城镇和乡村7000余个。1944年，共歼敌伪军队3万余人，收复大片国土，解放人口500余万。

华中地区：1944年3月，新四军第1师在淮安东桥镇战役中，歼灭敌伪军队1000余人，俘虏日军40余人，解放了淮安、宝应等地区100万人口。不久，第1师又继续出击，收复了长江沿岸几个重要港口。第2师歼灭敌伪军队1万余人，攻克日军据点100余处。第3师攻下涟水、射阳，入阜宁，收复了大片土地，使苏北与苏中抗日根据地连成一片。淮北、淮南的新四军，粉碎了日军企图打通淮河交通线的计划，歼灭敌伪军队7000余人。为牵制河南正面战场的敌人，第4师进入豫东，收复了大片国土，师长彭雪枫不幸在豫东战斗中牺牲。第4师随后继续向豫南与湘鄂进军，收复国土5万平方公里，解放人口150万。

华南：东江纵队经过一年苦战，由数千人发展到1万余人，抗日根据地也扩大了。琼崖抗日根据地也得到了发展，并建立了县、区、乡各级抗日地方政权。

开辟河南抗日根据地，恢复豫皖苏抗日根据地：1944年，日军打通了中国大陆交通线，河南、湖北、湖南、广西大片国土先后沦陷。为牵制和打击日军，八路军挺进河南，开辟河南抗日根据地。同时，新四军第4师主力也趁大好时机进入豫皖苏边区，粉碎日军的“扫荡”后，恢复了豫皖苏抗日根据地。

开辟苏浙皖抗日根据地：中共中央决定发展东南抗日根据地，新四军第1师主力在粟裕指挥下渡过长江，在长兴地区与新四军第6师会合，成立了苏浙军区，开辟了莫干山抗日根据地。

1945年，日本帝国主义面临总崩溃的前夕，仍把中国作为最后挣扎的基地，收缩中国内地的兵力，加强东南沿海的兵力，企图与盟军决一死战。

八路军、新四军在与日军战斗中成长起来，兵力已发展到100万以上，收复失地100多万平方公里，抗日根据地的人口超过1亿。日军占领的北平、天津、张家口、归绥、包头、大同、太原、济南、青岛、徐州、郑州、洛阳、开封、武汉、安庆、合肥、南京、镇江、上海、杭州、广州等一批大中城市被八路军、新四军、海南岛抗日武装所包围，沿海地区也大都处在八路军、新四军的控制范围。8月9日，中共中央主席毛泽东发表《对日寇的最后一战》的声明，号召进行全国规模的对日大反攻，配合盟军，向日伪军队展开强大的攻势。

晋绥区在司令员贺龙、政治委员李井泉的指挥下，于8月11日向平绥路、同蒲路沿线的日伪军队进攻，会攻归绥，并向太原进攻，歼灭大量日伪军。

晋察冀区在司令员聂荣臻的指挥下，于8月10日夺取大同、丰镇、集宁、商丘，另一部分兵力则配合晋绥地区的八路军攻打太原。冀察军区主力进攻北平，另一部分则夺取张家口等地。冀中军区主力攻击天津、塘沽的敌伪军队，另一部分兵力则夺取石家庄、保定。冀热辽军区主力进攻辽宁、吉林，另一部分兵力则夺取唐山、秦皇岛等地。

晋冀鲁豫区在司令员刘伯承、政治委员邓小平的指挥下，于8月14日向长治、太原进攻。太岳军区主力进攻介休、平遥。冀鲁豫军区兵分三路，一路夺取新乡、开封；一路攻开封、安阳；一路配合山东的部队，进攻济南的日伪军队。

山东区八路军在司令员罗荣桓的指挥下，8月17日，鲁中军区主力向胶济路西段、津浦路进攻；滨海军区主力向胶济路东段、陇海路东段进攻，并协同新四军进逼青岛、海州、连云港；胶东军区主力向青岛外围、胶济路东段沿线和沿海各城镇进攻；渤海军区主力向津浦路、胶济路西段进攻；鲁南军区主力向徐州、津浦路进攻。

华中区：中共中央指示江南的新四军就地向四周发展，夺取广大乡村和县城，不进攻大城市；江北的新四军力争占领津浦路与津浦路以东、长江以北、淮河以北一带的城市，并协助八路军进攻陇海路。

河南区的主力部队向开封、郑州外围进攻。

鄂豫皖区的主力部队向武汉与平汉路两侧进攻。

华南区广东抗日武装向广九路和广东省沿海进攻，海南岛军民向海口、榆林沿海敌伪进攻。

中国共产党领导的八路军、新四军、华南抗日武装等力量，在八年抗战中深入敌后，开辟敌后战场，在华北、华中、华南等16个省的广大地区，创建了晋察冀、晋绥、冀热、山东、苏北、苏中、苏浙皖、浙东、淮南、皖中、豫鄂皖、湘鄂、东江、琼崖、陕甘宁等19块抗日根据地，沉重地打击了日本侵略者。八年中，八路军、新四军、华南抗日武装对敌作战共计12.5万余次，毙、伤、俘敌伪军171.4万余人，其中日军52.7万人。缴获各种枪支69.4万余支（挺），各种炮1800余门。他们在沙场上英勇奋战，为打败日本侵略者做出了卓越贡献。他们的伟大业绩，永垂青史。

国民党排挤中国共产党参加受降

日本帝国主义发动九一八事变后，中国共产党于1931年冬就倡导建立抗日民族统一战线。1932年，中国共产党宣告对日作战，提出以民族革命战争驱逐日本帝国主义出中国。1933年1月，中国共产党人向进攻红军的国民党军队提出了停止内战、一致抗日的倡议。1935年，日本帝国主义发动华北事变，中华民族危机进一步加深，中国共产党先后发表了《八一宣言》《抗日救国宣言》，提出停止内战，一致抗日，组织国防政府和抗日联军的主张。12月25日，中共中央召开了政治局会议，通过了《关于目前政治形势与党的任务决议》，确定了抗日民族统一战线的政策方针，提出了10条行动纲领。会后，毛泽东作了《论反对日军帝国主义的策略》的报告，进一步阐明了抗日民族统一战线的策略方针，奠定了抗日民族统一战线的理论基础。1936年，西安事变和平解决，两党停止内战，从而为民族统一战线的建立创造了条件。1937年2月10日，中国共产党致电国民党五届三中全会，提出了五项要求和四项保证，有力地推动了国民党政策的转变，接受了国共联合抗日的主张。接着国共两党进行六次正式会谈，最后，蒋介石同意将红军改编为国民革命军第八路军，并以国民政府名义，发布改编红军命令。蒋介石发表谈话，承认中国共产党的合法地位，承认以国共合作为基础的抗日民族统一战线正式建立。

国共联合抗日，提高了中华民族救亡图存的热忱和英勇杀敌的勇气，增强了抗战必胜的信心。中国共产党一贯站在抗日救亡的最前列，被全国人民称为“民族救星”。国共合作抗日以后，共产党取得了合法地位。中国共产党在抗战中发挥了巨大的作用，成为抗战的中坚力量。中国国民党掌握着全国政权，拥有200多万军队，控制着国家经济命脉，成为抗日联合阵线中一支重要的力量，无疑对中国人民的抗战热情和胜利信心是一种鼓舞。

国共联合抗日，团结了一切抗日的力量，奠定了抗日民族统一战线的基础，增强了中华民族内部主要政治力量之间的团结，成为全民族共同抗日的核心。两个大党以各自的政治影响和实际行动，联系和吸引不同的阶级、阶层和社会团体投身于抗日救亡的联合阵线，实现了空前的全国抗日大团结。国共两党合作后，取得合法地位的中国共产党组织和动员各阶层群众，参加抗日战争。国民党参加抗日，政治上又实行一定程度的革新，动员爱国人士，影响海外侨胞。国共合作抗日，推进了中国社会政治进步。

中国共产党领导的敌后战场与正面战场的国民政府军队互相支援与配合，狠狠打击了敌人，形成了全民族抵御外侮的新局面，消灭了大量的日本侵略军，粉碎了日本帝国主义迅速灭亡中国的迷梦。

国共联合抗日，得到了世界人民和同盟国家政府的敬佩、同情和支持。中国八年抗战，得到苏、美、英等国的大力支持。中国抗战的胜利，提高了中华民族在世界上的地位，促进了中国和世界反法西斯国家的联合。一批国际朋友参加和帮助中国抗战，有的还献出了宝贵的生命，中国人民永远铭记他们。

国共联合抗日，取得了中国近百年来第一次赢得抵抗外侮战争的彻底胜利。中国抗日战争的胜利是国共两党合作的产物、共同战斗的结晶，是正面战场与敌后战场互相支持、互相配合的结果。中国共产党参加中国战区的受降工作是理所当然的。

8月10日、11日两天，延安总部以朱德总司令名义发布第1至7号命令，令各解放区抗日武装均得依《波茨坦公告》规定，向附近城镇及交通要道之日伪军送去最后通牒，限期向八路军、新四军及华南武装部队投降。

13日和16日，朱德、彭德怀两次致电蒋介石，坚决拒绝“原地驻防”的错误命令，提出公正解决办法：凡被解放区军队包围的敌伪军队，由解放区的军队受降；而被国民党军队包围的敌伪军，则由国民党军队受降。

15日，朱德分致苏、美、英三国说帖，说明抗日战争以来，共产党领导的人民军队在敌后英勇奋战所取得的光辉成绩。并指出共产党将派出自己的代表参加盟国接受日本投降，也有权参加将来处理日本问题的和平会议和联合国大会。

15日，朱德总司令命令冈村宁次，令其所指挥的日军，除被国民政府军队所包围的部分外，其他听候八路军、新四军及华南纵队的命令，向其投降。

25日，中共中央发表的《关于目前时局的宣言》再次提出，要求划定八路军、新四军和华南纵队接受日军投降的地区。

照理国民政府应组织包括中国共产党人在内的联合受降机构，共同协商，统一领导受降。但是，以蒋介石为首的国民政府没有这样做，而是利用自己的合法地位，排挤、打击中国共产党参加中国战区的受降。

8月11日，蒋介石致电第18集团军总司令朱德："政府对于敌军投降一切有关事项，均以统筹决定，分会实施。第18集团军所属部队，应就原地驻防待命，所有在各战区作战地境之部队并应接受各战区司令长官管辖，勿再擅自移动。"蒋介石还别有用心地说，共产党参加受降活动为非法。

蒋介石等人令侵华日军总司令冈村宁次不要向共产党领导的军队投降。8月15日，蒋介石命令日军听候中国陆军总司令何应钦的命令，但"对于非经政府指定的受降部队，如有擅自接受敌军投降，企图扰乱我受降计划者，得呈请本委员长下令惩罚之"[①]。21日，何应钦致冈村宁次中字第1号备忘录中规定：

> 对本总司令所辖地区内之日本陆、海、空军及辅助部队，立即各就现在驻地及指定地点静待命令，凡非蒋委员长或本总司令所指定之部队指挥官，日本陆、海、空军及其辅助部队，应各就现驻地负责维持地方良好秩序，直至蒋委员长或本总司令所指定之部队及负责长官到达接收为止。在此期间内，绝对不得将行政机关移交非蒋委员长或本总司令所指定之行政官吏和代表人员。[②]

①② 国民政府国防部史政局及战史编纂委员会档案，中国第二历史档案馆藏。

22日，何应钦致冈村宁次中字第2号备忘录中规定：

在冈村宁次将军尚未正式投降以前，凡中国军队有奉命调往日军现驻地区内者，沿途各地日军，应一律让其通过，不得妨碍，但以本总司令中字第1号备忘录附表内所指定之各地区受降主官所命令并通知之部队为限，其未奉各该受降主官之命令及通知之部队，日军应拒绝通过，并防止其强迫占领城市，否则各该地日军指挥官应负其责。①

何应钦在一系列命令中，诬蔑共产党领导的抗日部队为“匪”。23日，何应钦电令中称新四军、八路军为“非法武装组织”：

如果各地在指定之国军接收前，为股匪所占领，日军应负责任，并应由日军将其收复，再交还我接收部队。②

25日，何应钦致冈村宁次中字第9号备忘录中说：

据中国战区第三战区司令长官顾祝同上将未养子电报告“余姚、慈溪、绍兴、宁波日军与附近土匪连络，企图解决各该地之税警团而发生冲突，税警损失甚重，刻仍在对战行动中，请通知冈村宁次将军速令制止”等语。希贵官速令所属全部日军，除本总司令备忘录中字第一号所指定各地区受降主官所派之中国正规军外，不得向任何土匪接洽，或向其投降。③

31日，何应钦致冈村宁次中字第16号备忘录中说：

据报我察哈尔省会张家口于八月二十五日晨被不明番号之军队，一说系股匪占领，本总司令殊为遗憾。查察绥热三省地区，本部备忘录第一号及第四号明白规定，应由第十二战区司令长官傅作义上将负责接收，在傅长官及其所指定之中国正规军未到达前，该地区日军，应负责

①②③ 国民政府国防部史政局及战史编纂委员会档案，中国第二历史档案馆藏。

维持该地秩序。[1]

9月28日，陈诚在诚字第31号训令中特别强调：

平郊丰台、玉田、蓟县、平谷、三河、香河、武清、永清、房山、沼平、昌平各县境，连日为匪所陷。[2]

令日军维持秩序。

国民政府令日军将在平汉铁路沿线俘虏的八路军交给他们处理，这在9月18日军字第23号命令中明白规定：

根据日军前在平汉铁路沿线俘获之匪徒已于八月二十八日由日方悉数释放等情。查在押各犯，一律应交各地区受降主官讯明处理，不得擅自释放。[3]

国民政府还严防日本共产党鼓动日军投降中国共产党的宣传。何应钦在军字第17号命令中指出：

日本共产党领袖冈野静近复派多人赴平、津、山东、徐州、海州等地煽动日本官兵携械投匪，希严予防止。[4]

9月21日，陈诚在诚字第17号训令中说：

匪军之伪江宁县政府日本联络员黑川及已投降之马鞍山日人依赖近常，潜入首都，煽动日人投匪。[5]

31日，陈诚在诚字第146号训令称：

日人小森清渡遗檐在青岛附近策动日军，并在烟台组织山东日军解放联盟，积极活动等情。仰即查明，严予制止为要。[6]

---

①②③④⑤⑥ 国民政府国防部史政局及战史编纂委员会档案，中国第二历史档案馆藏。

此外，美国在中国战区受降问题上，明显地支持国民党一党受降。这在《杜鲁门回忆录》第 2 卷内写得很清楚："假如我们让日本人立即放下他们的武器，并且向海边开去，那么整个中国就会被共产党人拿过去。因此，我们必须采取异乎寻常的步骤，利用敌人来做守备队，直到我们能将国民党的军队空运到华南，并将海军调去保卫海港为止。因此，我们便命令日本人守着他们的岗位和维持秩序。等到蒋介石的军队一到，日本军队便向他们投降。"① "这种利用日本军队阻止共产党人的办法是国防部和国务院的联合决定而经我批准的。"②

美国驻国民政府大使赫尔利给美国国务院的一份电报称：我已建议依照投降条件，日本须将所有在中国的武器等等，交给国民政府。

远东盟军总司令麦克阿瑟元帅命令日本政府和在中国战区的日本军队，只能向国民政府及其军队投降，不得向中国共产党领导的敌后战场抗日部队投降。

日本军阀、政客尤为阴险狡猾，他们对国共两党间的不和更是推波助澜。今井武夫在芷江洽降的时候即表示："在平素与中共勾结日人中，亦有'日军将来之出路是否与中共妥协较好'之意见，但我等秉承天皇一贯意旨，不予赞成。"冈村宁次更是向何应钦出谋划策，对付共产党人。

1945 年 8 月 14 日，《中苏友好同盟条约》订立，确定了两国共同对日作战，中长铁路、旅顺口、大连港由中苏共管和使用。中国政府承认蒙古人民共和国独立，苏联保证不援助中国共产党及其军队，在道义上、物质上、军事上支持中国国民政府，3 个月后将东北移交给中国政府接管。国民政府利用国内外因素和合法地位，垄断了中国战区的受降权利。

---

①② 《杜鲁门回忆录》第 1 卷，第 374 页。

附录一

蒋介石在抗日战争胜利后向国内外广播词
（1945 年 8 月 15 日）

全国军民同胞们，全世界爱好和平的人士们，我们的正义，必然胜过强权的真理，终于得到了它最后的证明，这亦就是表示了我们国民革命使命的成功。我们中国在黑暗和绝望的时期中，经过八年奋斗，今天才得到实现，我们对于显现在我们面前的世界和平，要感谢我们全国抗战以来忠勇牺牲的军民先烈，要感谢我们为正义和平而共同作战的盟友，尤须感谢我们国父辛苦艰难领导我们革命正确的途径，使我们得有今日胜利的一天；而全世界的基督教徒，更要一致感谢公正而仁慈的上帝。我全国同胞们，自抗战以来，八年间所受的痛苦与牺牲，虽是一年一年的增加，可是抗战必胜的信念，亦是一天一天的增加，尤其是我们沦陷的同胞们，受尽了无穷摧残与奴辱的黑暗，今天是得到了完全解放，而重见青天白日了。这几天以来，各地军民的欢呼与快慰的情绪，其主要意义，亦就是为了被占领同胞获得了解放。现在我们抗战是胜利，但是这不能算是最后的胜利，须知我们战胜的含义，亦不止是在世界公理力量，又打了一次胜仗的一点上，我相信全世界人类，与我全国同胞，都一定在希望着这一次战争，是世界文明国家所参加的最末一次的战争。如果这一次战争，是人类历史上最末一次的战争，那么，我们同胞，虽然曾经受了忍痛到无可形容的残酷与凌辱，然而我相信我们大家，决不会计较这个代价的大小，和他收获的迟早的。我们中国人民，在最黑暗和绝望的时代，都秉持我国民族一贯的忠勇仁爱、伟大坚毅的传统精神，深知一切为正义和人道而奋斗的精神牺牲，必能得到应得的报赏；全世界因战争而联合起来的民族，相互之间，所发生的重负与信念，这就是此次战争给我们的重大的报赏。我们联合国，以青年血肉所建立的反侵略长堤，凡是每一个参加的人，他们不尽是临时结合的朋友，简直是为人类尊严的共同信仰，而永久的团结了起来。这是我们联合国家，共同胜利，最重要的基础，绝对不是敌人任何挑拨离间的阴谋所能破坏。我相信今后，地无分东西，人无论肤色，凡是人类，都会一天一天的加速密切联合，不啻为家人手足。此次战争，发挥了我们人类互谅互敬的精神，建立了我们互相信任的关系。

而且证明了世界战争，与世界和平是不可分的，这是更足以使今后战争的发生，势不可能。我说到这里，又想到基督宝训上所说的“待人如己”与“要爱敌人”两句话，确实令我发生无限的感想。我中国同胞们，须知不念旧恶，及与人为善，为我民族传统，至高至实的德性。我们一贯声言，只认日本黩武的军阀为敌，不以日本的人民为敌，今天敌军已被我们盟邦共同打倒了，我们当然要严密责成他，忠实执行所有的投降条款，但是我们并不要企图报复，更不可对敌国无辜人民，加以污辱，我们只有对他们，为他的纳粹军阀愚弄，所驱迫而哀求恤悯，使他们能自拓于错误与罪恶。要知道如果以暴力答复敌人从前的暴行，以侮辱来答复他们从前的错误的优越感，则再冤冤相报，永无终止，决不是我们仁义之师的目的，这是我们每一个军民同胞今天所应该特别注意的。同胞们，敌人侵略中国的帝国主义，现在就是被我们打败了，但是我们还没有达到真正胜利的目的，我们必须消灭他侵略的野心与侵略的武力；我们更要知道胜利的报赏，决不是虚矫，或懈怠，战争确实停止以后的和平，必将昭示我们正有艰巨的工作要我们以战时的同样的痛苦，和结战时更巨大的力量去改造，去建设。或许在某一个时期，遇到某一种问题，会使我们觉得比战时更加艰苦，更加困难，随时随地可以临到我们的头上。我说这一次话，先想到了一件最难的工作，就是那些法西斯，纳粹军阀国家受过错误领导的人们，我们怎样能使他们不只是承认他自己的错误和失败，并且也能心悦诚服的接受我们的三民主义，承认公平正义的竞争，转变他们武力掠夺与强权恐怖的竞争，更和平真理，和人道要求的一点，这就是我们中国与联盟国，今后一件最艰巨的工作。我确实相信，全世界永久和平，是建筑在人类平等自由的民主精神和博爱互助的合作基础之上，我们要向着民主与合作的大道上迈进，来共同拥护全世界永久的和平。我想全世界盟邦的人士，以及我全国的同胞们，相信我们武装之下，所获得的和平，并不一定是永久和平的完全实现，真要到我们的敌人在理性的战场上，为我们所征服，使他们能彻底忏悔，成为世界上爱好和平的分子，像我们一样之后，才达到我们全体人类大战最后的目的。

附录二

冈村宁次关于派人至玉山洽降致蒋介石电
（1945年8月17日）

中国战区最高统帅蒋中正阁下：中华民国卅四年八月十五日赐电敬悉。今派今井总参谋副长、桥岛参谋二人，率同随员三人，准于本月十八日乘飞机至杭州等候尊命再起飞玉山，敝处使用双引擎发动机一架，并无特殊标识，并请咨照玉山飞机场派员接见，仰赖照料为感。驻华日军最高指挥官冈村宁次。印。

附录三

蒋介石关于改用芷江机场为洽降地点致冈村宁次电
（1945 年 8 月 17 日）

南京驻华日军最高指挥官冈村宁次将军：八月十七日电悉，玉山机场目前不能使用，改为湖南芷江机场，何时起飞，另行通知。中国战区最高统帅蒋中正。未筱亥。

附录四

蒋介石关于日本洽降使节至芷江的注意事项致冈村宁次电
（1945年8月18日）

南京驻华日军最高指挥官冈村宁次将军鉴：未筱亥电计达。今井总参谋副长可于八月廿一日来湖南芷江，希遵照下列事项：

一、代表人数不得超过五员（内须有熟悉南京、上海附近机场情形之飞行员一员），于八月二十一日晨坐日本飞机一架，自汉口附近起飞，远飞湖南常德上空，此时高度须五千英尺，时间为重庆夏季时间上午十时（格林威治标准时间为上午二时），届时在六千英尺上空当有盟军战斗机三架迎接之，如云层过低，该日机应在云层下一千英尺，盟机高度则在云层下五百英尺。

二、日机标志在机翼上下各添带有光芒之日本国旗一面，并于两翼末端各系以四公尺之长红色布条一，以资识别。

三、盟军战斗机三架将护送该日本飞机至芷江机场着陆，着陆顺序第一架为盟机，第二架为日机，第三及第四架为盟机。

四、今井总参谋副长须随带驻中国、台湾及北纬十六度以北安南地区内所有日军之战斗序列、兵力位置，及指挥区分系统等表册。

五、如气候恶劣不能完成上述飞行时，须于次日依上项规定之时间与方式实施。

六、日本飞行人员以波长5860KC，收发用英语呼号"King Able Air Ground Control，Repeat King Able Air Ground Control"。与芷江之空中地面指挥部队取得联络，此种呼号在距芷江一百英里时开始，以后每隔十分钟一呼叫，直至望见芷江机场为止。芷江无线指挥降落站用波长425KC，其英语呼号为King Able，在望见芷江机场时，日本飞行人员即停止与King Able空中地面指挥部队联络，立以波长4495KC收发，与King Able指挥塔联络之。

七、接到此电后，须于八月十九日重庆夏季时间午后六时至八时在南京无线电台（XON）以波长5400KC答复。中国战区最高统帅蒋中正。未巧酉。

附录五

中国陆军总司令部致冈村宁次第二号备忘录
（1945年8月22日）

一、本总司令致贵官中字第一号备忘录第四项所载派本部副参谋长冷欣中将先到南京设立前进指挥所一节，兹以同样需要更令各地区受降主官各派前进指挥所进驻左列各地执行同样之职务：

第一方面军司令官派出前进指挥所于河内。

第二方面军司令官派出前进指挥所于广州。

第七战区司令长官派出前进指挥所于汕头。

第四方面军司令官派出前进指挥所于长沙。

第九战区司令长官派出前进指挥所于南昌。

第三方面军司令官派出前进指挥所于上海。

第六战区司令长官派出前进指挥所于武汉。

第十战区司令长官派出前进指挥所于徐州。

第十一战区司令长官派出前进指挥所于北平。

第十一战区副司令长官派出前进指挥所于济南。

第一战区司令长官派出前进指挥所于洛阳。

第五战区司令长官派出前进指挥所于开封。

第二战区司令长官派出前进指挥所于太原。

第十二战区司令长官派出前进指挥所于归绥。

第三战区司令长官派出前进指挥所于杭州。

二、贵官应转饬上述各地区内之日军最高指挥官对各地区前进指挥所主任所要求之事项迅速照办。

附录六

中国陆军总司令部致冈村宁次第三号备忘录
（1945年8月22日）

本总司令所辖部队，决于最近期内，先以一部利用空运于南京、上海、北平等三处机场降落，以便执行其职务，除另行派遣各机场设站人员先行前往设备处，贵官应本此意图，于本总司令所派遣部队未到达之前，应负责确实保证上列三处机场，以备使用，如有修理之必要时，并希依各处设站人员之要求，妥为修理为要。

附录七

中国陆军总司令部致冈村宁次第四号备忘录
（1945年8月22日）

一、依据本总司令致贵官中字第一号备忘录第二条第四项之所定，特再将各地区受降主官姓名、受降地点及日军代表投降部队长姓名、应投降之部队番号详细规定如附表［略］，希先行下令准备实施，但表列日军部队番号主官姓名及驻地，系依据今井将军所呈出之驻华日军态势概见图及口述，如有遗漏或变更，另行修正之。

二、为使日军投降及械弹器材等缴收进行顺利，特规定如下：

1.在本总司令中字第一号备忘录附表分别集中，凡日军在附表内所指定之各地点，即日军分别向我各地区受降主官之投降地点所有日军，应照该表及本备忘录之附表分别集中。凡日军在表列地点以外驻扎者，应先行将其防地分别交与我各地区受降主官所指定之部队，其交接日期，由我各地区受降主官分别决定之。

2.凡日军依照本总司令中字第一号备忘录附表及本备忘录附表所指定之地点之警备状态维持秩序，听候我各地区受降主官所指定之部队到达后，再依指定之时间逐次交防，并依指定之地点分别集合，立即将所有武器器材自行封存于我各受降主官所指定之各仓库内，呈出详细表册，再立将所有徒手官兵率赴我各地区受降主官所指定之集中营，至各该封存仓库，则由我各地区受降主官立即派兵看守，并派员照册点收。

3.在冈村宁次将军尚未正式投降以前，凡中国军队有奉命调往日军现驻地区内者，沿途各地日军应一律让其通过，不得妨碍。但以本总司令中字第一号备忘录附表内所指定之各地区受降主官所命令并通知之部队为限，其未奉各该受降主官之命令及通知部队，日军应拒绝其通过，并防止其强迫占领城市，否则各该地日军指挥官应负其责。

4. 在中国领海及内河内之舰艇及船舶，应立即集中于沙市、宜昌，听候接收，但吃水过深者可集中汉口，并应先行造具各舰艇船舶之种类、吨位、装备、弹药数目、性能、所用燃料（含存储数量）及员工人数之详细清册，呈送本总司令。

5. 在本总司令所辖地区内所有日本航空部队，凡可能飞行及可能修理之航空机，应立即修整完备，并作飞往湖北省恩施机场或其他指定机场之准备。至修理费时之航空机及所有基地存储之弹药武器油类，应一律封存，并连同上述一切航空机造具详细清册，呈送本总司令，听候派员点收。又所有机场及飞机修理各种设备，应保存完好状态，仍造具详细清册呈送本总司令，听候派员接收。至空军地面部队及降落伞部队，则由我各地区受降主官分别按陆军部队投降办法接收之。

6. 凡日军现驻地区内所有交通通信各路线及其管理机关，应不待冈村宁次将军正式投降，尽速开放，重庆南京间及芷江南京间，并应立即直接通报。其芷江南京间之电台通报时间周率呼号，已由萧参谋长面交今井将军；其重庆南京间之电台通报时间周率呼号如附纸。又所有海河水道原布水雷及一切障碍物，应立即彻底扫除，以利交通，并希将布雷及阻碍位置与扫除情形绘图列表，尽速送呈本总司令。

在日军现驻地区内，如有匪徒企图破坏交通通信及扰乱治安者，应特别防范并制止之。

三、希冈村宁次将军将上述各项规定之办理情形随时电告。

中国战区中国陆军总司令一级上将何应钦

附中国陆军各地区受降主官姓名、受降地点及日军代表投降部队长官姓名与投降部队集中地点番号表一份。①

附重庆南京间电台通报时间周率呼号表一份。

本备忘录交由冈村宁次将军之代表总参谋副长今井武夫将军转交冈村宁次将军。

---

① 见本书附表二。

重庆南京间电台通报时间周率呼号表。

重庆电台通报时间周率呼号如下：

22——11GMT	11200KC	XQL
11——22GMT	7913KC	XTQ
	7600KC	XTQ

南京电台通报时间及所用周率应如下：

22——11GMT	11500KC
	12500KC
11——22GMT	7500KC
	8500KC

附录八

中国陆军总司令部致冈村宁次第五号备忘录
（1945 年 8 月 22 日）

一、顷阅合众社马尼拉 20 日电称：日本今日电麦克阿瑟元帅曰：中国战场自停战以来，现情势如下列：中国当局之军队，毫无纪律，擅自开入日军占领地区，并分别要求解除武装，日军尽其最大努力，但不能阻止彼等之愈形猖獗，使当地局面趋于混乱等语。

二、查我中国战区最高统帅蒋委员长曾于 8 月 26 日致贵官一电，明白指示关于驻华日军之投降，应接受本总司令之命令，贵官已于 8 月 17 日电复遵派今井总参谋副长至本总司令部洽降，照此则所有驻华日军，应向蒋委员长及本总司令所指定之受降主官投降，不得接受其他任何部队之要求，而贵官及所属部队，亦不应向任何其他部队接洽投降，贵官应已充分了解。今所传马尼拉 20 日电如果属实，本总司令认此举乃日本有意侮蔑我军，甚至藉辞逃避停战责任及义务之行动，贵官应负其责，本人以中国战区中国陆军总司令之地位，特提出严重警告，日军不得作此恶意毁伤我军誉之宣传，并希切实答复为要。

附录九

蒋介石关于空运部队至南京等地致何应钦函
（1945年8月23日）

芷江何总司令勋鉴：

一、美军总部接麦克阿瑟将军来电：谓日政府正式投降，于8月31日始能签字，中国战区接受冈村之正式投降，须待东京总投降签字，及大军空运南京、上海已开始后，始可在南京签字，预计受降日期，约在9月4日或5日。

二、航委会所派之先遣队到达南京后，如报告南京机场可安全使用时，美方之工程通信及技术人员与我方突击队一队，即准备空运南京，担任南京及上海机场之修复警卫，但空运仍须候美机总部司令始开始实施，因正式受降之日期已延缓，故该项人员之任务，为从事大军空运之准备工作。

三、美空军以为现即以华军二团空运南京，将妨碍其预定计划，及阻滞尔后大军运输所需燃料之供应，因此，中美双方决定9月1日左右，开始大规模空运以前，尽可在南京布置联络，及交通人员与专门技术顾问，但仍愿尽一切可能提先实施运输。

四、美军总部飞送麦克鲁将军之日军投降书草案，及第一号总命令，均系经联合参谋处批准（兹附记该项原稿及美方提出应修正之点，希照修正，另附寄美方8月22日第七一〇至七一七号备忘录及其附件）。然在日本与同盟国未经签字以前，此草案尽可视为暂时性质，或尚须修改亦未可知。

五、该总司令应遵未巧辰令一亨电，饬各战区、各方面军，即向指定接收地区前进，并在冈村未履行投降条款之前，不必设法使日军局部投降。如日军有愿意局部无条件投降者，则必须令将武器交与指定之国军，希在不违背全部条款之原则下，斟酌状况办理。又我方拟提之全部条款，在冈村及其他主要日军司令未正式签署以前，以勿预先交给日方为宜。

以上各项，除另由美军总部转知麦克鲁将军外，仰即将遵办情形，随时具报为要。中正。未更申令一亨。

附录十

中国陆军总司令部致冈村宁次第六号备忘录
（1945 年 8 月 25 日）

一、凡日军现驻地区内，一切行政组织及日军扶植之伪组织，应立即将各该组织原有人名、财产簿册、档案、票据、土地房屋、器具、印信等，一律造具清册，并指定人员，负责保管，听候点收，不得有迁移、毁坏、转让、隐匿等事。

前项所称之行政组织，包括各项机关、银行、学校、医院，以及各该组织所经办或占有之各项工厂、矿场、商号、仓库、公共事业等。

二、凡财务及金融机关，不得再发公债、库券、钞票，及类似纸币之票券。已印未发之票券，及券版，连同财产现款票据账册，暨保管之公债、库券基金、发行钞票之准备金等，一切保管、财产物，均应封存，并派员连同原经管人员负责保管听候接收。

三、日军总部队及所属各部队暨各级粮食管理组织，在各地所控制之粮食、运输工具、包装材料、仓库设备、粮食工厂，以及其他各种有关粮食器材，应立即分区造册，列明种类、数量、存在地点，尽速造报听候接收。在接收以前，凡存在仓库之粮食，及一切工具器材、设备，均由日军派员负责保管；其在海陆运输途中之粮食，原经办人应即运交就近港埠仓库，存储保管。至军用粮食工厂及日人投资或合办之粮食工厂，各该原经办人或经理人，均应负责保持完整。

四、有关经济生产事业之组织，及所占有或存储之物资，例如液体燃料、煤焦、棉花、纱布、丝、糖、茶、豆、羊毛、皮革、纸张、油类、五金器材，及矿晶等，均应由日军派员连同原经管人负责保管，听候接收。其各项组织所经办或占有之有关需要各事业，如电力、自来水、煤气、煤矿等，在接收以前，仍应继续供应。

五、公用事业中，铁路、公路、水运、空运、邮政、电信各项交通通信事业之业务，在接收以前，均应一律照常维持，并应照本总司令中字第四号备忘录第二条第六款尽速开放。

六、有关教育文化之公私文物，如图书、仪器、古书、古物、书版、字画、建筑、雕刻、美术品，及一切文献，在接收以前，均应由原经管人负责保管，不得毁损。

附录十一

联合国最高司令官对日本投降后第一号命令
（1945 年 9 月 2 日）

一、帝国大本营兹奉敕命且基于敕命为履行所有日本国军队对联合国最高司令官投降之条款，命令日本国国内外所有指挥官对其指挥下之日本国军队，及在日本国所支配下之军队，立即停止敌对行为，将其武器就地存置，依左项指示或联合国最高司令官所下达之指示，对合众国、中华民国、联合王国、苏维埃社会主义共和国联邦之各指挥官，无条件投降。对其所指示受降指挥官或指派之代表者，须即取联络，所关细目须俟联合国最高司令官方可变更。右列之指挥或代表者之命令须绝对立即实行：

甲、中国（除满洲）台湾及法属印度支那北纬十六度以北地区之日本前任指挥官及一切陆海空军与辅助部队，向蒋主席投降。

乙、满洲北纬三十八度以北之朝鲜、库页岛及千岛群岛之日本前任指挥官及一切陆海空军与辅助部队，向苏维埃远东军最高司令官投降。

丙、（1）安达曼群岛、尼科巴群岛、缅甸、泰国、北纬十六度以南之法领印度支那、马来亚、苏门达拉、爪哇、小巽他群岛（含峇厘、龙目，及帝汶）、布鲁、西兰、安汶、怯义、阿卢、塔龙巴及亚拉佛拉诸群岛、西里伯斯、赫尔玛、赫拉群、荷属新几内亚之日本前任指挥官及一切陆海空军与辅助部队，向东南亚最高司令官投降。

（2）帛琉、英属新几内亚、俾斯麦及所罗门群岛之日本前任指挥官及所有陆海空军与辅助部队，向澳大利亚陆军最高司令官投降。

丁、日本委任统治诸岛、小笠原群岛及其他太平洋诸岛之日本前任指挥官及所有陆海空军与辅助部队，向美国太平洋舰队最高司令官投降。

戊、日本大本营及日本本土邻接之诸小岛、北纬三十八度以南朝鲜、琉球群岛及菲律宾之日本前任指挥官及所有陆海空军与辅助部队，向美国太平洋陆军部队最高司令官投降。

己、仅前列之各指挥官，为负有受降权限之联合国代表，日本国军队之投降须均向上列指挥官或代表者行之。

日本国大本营，更命令日本国内及国外之各指挥官，对任何地点之所有日本国军队及受日本国所支配之军队，均须完全解除武装，依前述联合国指挥官所指定之时间及地点，按现有状态于完整安全之状态下缴呈之。

无特别指示前，日本国本土内之日本国警察机关得免予适用解除武装之规定，警察机关须保留原部署，担负维持法定秩序之责，上即为警察人员及武器之规定。

二、日本大本营于受到本命令后，不可迟滞，须将有关日本国及日本国所支配下之所有地域，下列各点向联合国最高司令官提供之：

甲、所有陆海空及防空部队之位置及兵力配备表。

乙、所有陆海军及非军用飞机之数目、型式、位置及有关之状态等完全情报。

丙、日本国及日本国所支配下之所有水上及潜水舰艇与辅助舰艇，而非现役者及建造中者之各个位置状态与运行之报告表。

丁、日本国及日本国所支配下之凡超过一百吨之商船（含曾属联合国中之某一国而现受日本统辖者）现役中或非现役中者之位置状态及运行之报告表。

戊、一切鱼雷或对陆海空军一切障碍物之位置设施状况，与有关安全通路之详细地图。

己、飞机场、水上飞机基地、防空设施、港口、海军基地仓库、常设或假设之陆上与沿岸防备设施要塞及其他设防地域之一切军事设施及建筑物等之位置说明。

庚、联合国之俘虏及被拘留者之所有收容所或其他之拘留所之位置。

三、日本军用或军用之航空站当局，对所有日本陆海军及非军用航空机，在未获其有关处理之通告前，须保证留置陆上、海上或舰上。

四、日本国或日本国所支配下之一切型式海军舰艇及商船，在未得有联合国最高司令官指示以前，不得损毁，且禁止移动。航海中之船舶，须即将所有爆炸物抛置海中；非航行中之船舶，须将一切爆炸物转移沿岸安全之贮藏所。

五、凡日本及日本国所支配下之军事及行政当局，须保证左列各项：

甲、所有日本国前所设置对陆海空军行动之一切障碍，不问任何地点，须受联合国最高指挥官之报示而除去之。

乙、为便利航行，立即恢复原有一切设施。

丙、在甲项尚未实施以前，须开放安全通路，并注明标示。

六、日本，或在日本所支配下之军事及行政当局，在未得联合国最高司令官指示之前，左列各项须保持现状，并存在于良好之状态下：

甲、一切兵器、弹药、爆炸物、军用装备、军需品、各种有关战争用具，及一切战争资材（本命令丙项所规定者除外）。

乙、一切陆上、水上及空中运输通信之设施与装备。

丙、飞机场、水上航空基地、防空设施、港口、海军基地、仓库、常设或假设之陆上与沿岸防备设施、要塞及其他一切设防地域之军事设施与建筑物设计与图样。

丁、凡为制造一切战争用具，及可供军事机关或军事机关所使用之其他资产之所有工场、制造场、工作场、研究所、实验所、试验所等技术上重要资料，特许设计图样与发明。

七、日本国大本营对联合国最高司令官接受本命令后，不得延滞，立将前第六项之甲、乙及丁所举之一切项目之数量型式及位置详细列表呈出。

八、一切兵器弹药及战争用具之制造及分配即刻停止。

九、对于现留于日本或日本所支配下之区域内盟国俘虏及被拘留者：

甲、所有盟国之俘虏，或被拘留者，须保持其安全及福祉。在未交代联合国最高司令官以前，须付与适当之粮食、居住、被服，及医疗，并含必要之管理及补给之业务。

乙、盟国俘虏及被拘留者之收容所或其他拘留所，其中之设备、贮藏品、记录、武器及弹药等，须立即点交右项俘虏或被拘留者中之高级军官或选定代表接收，并由其指挥之。

丙、依联合国最高司令官指示，须将俘虏及被拘留者运送至安全地点。

丁、日本大本营在奉到本命令后，须立即将所有盟国之俘虏及被拘留者之地点，详细报告之。

十、凡日本及日本所支配下之军政当局，须协助联合国占领日本及日本所支配下之地域。

十一、日本国及日本国所支配下军政官吏于奉到联合国占领军指挥官之指示后，即收集所有日本国民之一切武器并准备缴呈。

十二、日本国及日本国所支配之军政官吏与私人，于奉到本命令后，对联合国最高司令官与其他联合国官吏所发一切之指示，须诚实迅速执行之。若对本命令执行迟滞或不遵守时，或认为对联合国具有有害行为时，联合国军官官吏及日本国政府得迅速加以严重制裁。

十三、日本国大本营对前述第二项、第七项及第九项（丁）所要求之情报须迅速报告之。

附录十二

何应钦关于侵华日军投降签字时间地点致冈村宁次备忘录
（1945 年 9 月 5 日）

一、兹规定本总司令接受日军投降之地点、日期时间，及日军投降代表签字人与日军投降代表出席人如下：

1. 地点：中华民国首都南京。

2. 时间：中华民国三十四年九月九日上午九时。

3. 日军投降代表签字人：日本陆军大将冈村宁次。

4. 日军投降代表出席人：冈村宁次大将之总参谋长。

越南北纬十六度以北之日军最高指挥官或其全权代表。

台湾澎湖列岛之日军最高指挥官或其全权代表。

中华民国（东三省除外）、越南北纬十六度以北、台湾澎湖列岛之日军海军最高指挥官或其全权代表。

二、前条各项，希照办。

附录十三

冈村宁次关于他将代表日本政府在中国战区投降书上签字致何应钦函

（1945 年 9 月 6 日）

关于备忘录国字第十一号事项回答：

一、关于本案曩于领受备忘录中字第一号第二条，及中字第十二号后，随时与大本营联络，将结果曾以支总涉第二号“关于中国战区中国陆军总司令部备忘录中字第六号乃至第十三号事项”中，如所答复贵总司令。此次负责受降之全地域内日本陆海空军，关于一切投降之指挥权（又统制权）已付与本官，因此向贵总司令投降之事宜，应该本官负其一切责任，在停战协定时，拟本官单独签字。而对陆海空军各地域高级指挥官，基于本官统帅系统，分别命令投降之实施。

惟台湾总督原非军之机关，本官不能直接指挥，即希见谅。

再本官领受本备忘录中字第十二号后，即为交付停战协定时之本官命令计，召集幕僚其一部，业已集合待机中。

二、停战协定签字典礼时之本官随员预定如左：记随员：

支那派遣总参谋副长陆军少将今井武夫。

同参谋陆军中佐小笠原清。

支那方面舰队参谋副长海军少将小川贯尔。

台湾军参谋长陆军中将谏山春树。

第三十八军参谋（越南）陆军大佐三泽昌雄。

陆军嘱托木村辰男。

附录十四

冈村宁次复何应钦函
（1945 年 9 月 8 日）

关于备忘录中字第十九号之答复：

一、敬悉贵意。

二、第一项第四之出席如左：

支那方面舰队司令长官海军中将福田良三。

支那派遣军总参谋长陆军中将小林浅三郎。

台湾军参谋长陆军中将谏山春树。

第三十八军参谋（越南）陆军大佐三泽昌雄。

支那派遣军总参谋副长陆军少将今井武夫。

支那派遣军参谋陆军中佐小笠原清。

附录十五

日本政府向中国政府投降的降书
（1945 年 9 月 9 日）

一、日本帝国政府及日本帝国大本营已向联合国最高统帅无条件投降。

二、联合国最高统帅第一号命令规定“在中华民国（东三省除外）、台湾与越南北纬十六度以北地区内之日本全部陆海空军与辅助部队应向蒋委员长投降”。

三、吾等在上述区域内之全部日本陆海空军及辅助部队之将领，愿率领所属部队向蒋委员长无条件投降。

四、本官当立即命令所有上第二款所述区域内之全部日本陆海空军各级指挥官及其所属部队与所控制之部队，向蒋委员长特派受降代表中国战区中国陆军总司令何应钦上将及何应钦上将指定之各地区受降主官投降。

五、投降之全部日本陆海空军立即停止敌对行为，暂留原地待命，所有武器、弹药、装具、器材、补给品、情报资料、地图、文献档案，及其他一切资产等当暂时保管。所有航空器及飞行场一切设备、舰艇、旧船舶、车辆、码头、工厂、仓库，及一切建筑物，以及现在上第二款所述地区内日本陆海空军，或其控制之部队，所有或所控制之军用或民用财产，亦均保持完整，全部待缴于蒋委员长及其代表何应钦上将所指定之部队长及政府机关代表接收。

六、上第二款所述区域内日本陆海空军所俘联合国战俘及拘留之人民立予释放，并保护送至指定地点。

七、自此以后，所有上第二款所述区域内之日本陆海空军，当即服从蒋委员长之节制，并接受蒋委员长及其代表何应钦上将所颁发之命令。

八、本官对本降书所列各款及蒋委员长与其代表何应钦上将，以后对投降日军所颁发之命令，当立即对各级军官及士兵转达遵照。上第二款所述地区之所有日本军官佐士兵均须负有完全履行此类命令之责。

九、投降之日本陆海空军中任何人员，对于本降书所列各款及蒋委员长与其代表何应钦上将嗣后所授之命令，倘有未能履行或迟延情事，各级负责官长及违犯命令者愿受惩罚。

奉日本帝国政府及日本帝国大本营命，签字人中国派遣军总司令官陆军大将冈村宁次　印

昭和二十年（公历一九四五年）九月九日午前九时　分

签字于中华民国南京

代表中华民国、美利坚合众国、大不列颠联合王国、苏维埃社会主义共和国联邦，并为对日本作战之其他联合国之利益，接受本降书于中华民国三十四年（公历一九四五年）九月九日午前九时　分在中华民国南京

中国战区最高统帅特级上将蒋中正特派代表中国陆军总司令陆军一级上将何应钦　印

附录十六

中国战区中国陆军总司令部对日本投降后第一号命令
（1945 年 9 月 9 日）

一、自本（九）日上午九时起，以后本总司令对于贵官之一切行文，用命令或训令。

二、在本（九）日上午九时以前，本总司令送达贵官之中字第一号至第二十三号备忘录，除以后别有命令变更者外，一律视同命令。

三、本（九）日上午九时，贵官所签订之降书及所领受蒋委员长之第一号命令，贵官应以最快方法转达于在中国本部（东三省在外）、台湾（含澎湖列岛）、越南北纬十六度以北地区之日本陆海空军。

四、贵官及所属在中国本部（东三省在外）、台湾（含澎湖列岛）、越南北纬十六度以北地区之日本陆海空军，应自本（九）日上午九时起完全受本总司令之节制指挥，不受日本政府之任何牵制。

五、贵官应于本（九）日将"支那派遣军总司令官"名义取消，并自明（十）日起，改称中国战区日本官兵善后总联络部长官。

六、贵官之总司令部，应自明（十）日起，改称中国战区日本官兵善后总联络部。

七、中国战区日本官兵善后总联络部之任务，为传达及执行本总司令之命令，办理日军投降后之一切善后事项，不得主动发布任何命令。

八、依据本部中字第二十号备忘录所区分之各地区日本代表投降部队长之原有司令部，着均改为地区日本官兵善后联络部，其投降代表长官原有名义，着一律取消，改称地区联络部长。兹分别规定如附表［略］。

九、表所列日本官兵地区善后联络部长，对中国各地区受降主官之职务，在传达及执行各受降主官之一切命令，办理该地区内日军投降后之一切善后事项，但不得主动发布任何命令。

十、香港地区日本官兵之善后处理，由英国海军少将哈考脱(Harcoert)规定之。

右令

日本官兵善后总联络部长冈村宁次大将

中国陆军总司令陆军一级上将何应钦

附录十七

盟军总部关于检举战争罪犯之手续
（1946 年 1 月）

一、中国战区美军总部军法处战争罪犯部门应得知遣送日人回国所用之港口。

二、战争罪犯部门即将日籍战争罪犯之姓名通知各上船港口之该管当局。

三、战争罪犯被查出后，即予拘捕交与港口中国当局转送主管当局审问，并由中国当局暂予监禁。

四、港口当局应将所有拘捕人犯通知中国战区美军总部军法处战争罪犯部门。

五、美国所索要之战争罪犯，应由战争罪犯部门负责送往审判。

六、俟接到联合国最高统帅关于审问战争罪犯之计划时，战争罪犯部门应立即通知中国有关当局。

附表一

中国战区各区受降主官分配表（三十四年八月二十一日）

中国受降主官姓名	接收地区	备考
第一方面军司令官　卢汉	越南北纬十六度以北地区	
第二方面军司令官　张发奎	广州　香港　雷州半岛　海南岛	
第七战区长官　余汉谋	曲江　潮汕	
第四方面军司令官　王耀武	长沙　衡阳	
第九战区长官　薛岳	南昌　九江	
第三方面军司令官　汤恩伯	南京　上海	
第三战区长官　顾祝同	嘉兴　杭州　金华	
第六战区长官　孙蔚如	武汉　宜昌地区　沙市	
第十战区长官　李品仙	徐州　安庆　蚌埠　海州	
第十一战区长官　孙连仲	天津　北平　石家庄　保定	
第十一战区副长官　李延年	青岛　德州　济南	
第一战区长官　胡宗南	洛阳	
第五战区长官　刘峙	郑州　开封　新乡　南阳　襄阳　樊城	（樊城）
第二战区长官　阎锡山	山西省	
第十二战区长官　傅作义	察、绥、热河三省	
附记	台湾方面之受降主官另行指定	

附表二

中国陆军各地区受降主官姓名、受降地点及日军代表投降部队长官姓名与投降部队集中地点番号表

（三十四年九月四日）

受降主官姓名	受降地点	日军代表投降部队长官姓名	投降部队集中地点	投降部队番号	备　考
第一方面军 卢司令官汉	河内	38A 土桥勇逸	越南北部	38A 部　21D　$\frac{1}{3}$22D　其他	投降部队集中地点由卢司令官决定
第二方面军 张司令发奎	广州	23A 田中久一	广州	23A 部　104D　130D 23BS　8IBS　13IBS　二遣支队	
			雷州半岛	雷州支队（1 大）　22 BS（1 大）　23BS	
			琼山	海南警备府	
第七战区 余长官汉谋	汕头	23A 田中久一	汕头 129D	汕头支队（2 大半　A1 大）　130D	
第四方面军 王司令耀武	长沙	20A 坂西一良	长沙	20A 部　69D　81BS　82BS　2KS	
			衡阳	68D（第九中队以下在长沙）	
第九战区 薛长官岳	南昌	11A 笠原幸雄	南昌	7IBS	
			九江	11A 部　13D　58D　22BS　84BS　87BS	

续表

受降主官姓名	受降地点	日军代表投降部队长官姓名	投降部队集中地点	投降部队番号	备考
第三战区 顾长官祝同	杭州	13A 松井太久郎	厦门	厦门方面特别根据地队	
			杭州	133D 91BS 62BS	
第三方面军 汤司令恩伯	上海	13A 松井太久郎	上海	13A 部 27D 60D 61D 69D 89BS 90BS 上海方面根据地队 海军特别陆战队	
	南京	6A 十川次郎	南京	6A 部 3D 34D 40D 161D 1KS	
第六战区 孙长官蔚如	汉口	6HA 冈部直三郎	汉口	6HA 部 132D 83BS 85BS 5IBS 11IBS 扬子江方面特别根据地队	
			武昌	116D 17BS 12IBS 86BS 88BS	
第十战区 李长官品仙	徐州	6A 十川次郎	徐州	65D	
			蚌埠	70D	
			安庆	131B 6IBS	

续表

受降主官姓名	受降地点	日军代表投降部队长官姓名	投降部队集中地点	投降部队番号	备考
第十一战区 孙长官连仲	北平	36HA 根本博	天津	118D 9BS 华北特别警备队	
			北平	华北方面军司令部 蒙古军司令部 3TKD 2BS 8BS 3KS 5KS	
			保定	7KD	
			石家庄	1BS 2IBS	
第二战区 阎长官锡山	太原	1A 澄田徕四郎	山西省	1A 部 114D 3BS 10IBS 14IBS 4KS	投降部队集中地点由阎长官指定
第一战区 胡长官宗南	郑州	12A 鹰森孝	郑州	110D 10KS	
			开封	13KS	
			新乡	6KS	
第五战区 刘长官峙	郾城	12A 鹰森孝	郾城	115D 4KS 92BS 14KS	
第十一战区 李副长官延年	济南	43A 细川忠康	青岛	5BS 1IBS 12KS 青岛方面特别根据地队	
			济南	13A 部 47D 9KS 11KS	

续表

受降主官姓名	受降地点	日军代表投降部队长官姓名	投降部队集中地点	投降部队番号	备　考
第十二战区傅长官作义	归绥	蒙 A 根本博	包头	一大队	
英海军少将哈考脱 Ruas Admiar	香港	23A 田中久一	香港	香港占领地总督部　香港防卫队 香港方面特别根据地队	
陈仪将军	台湾	10HA 安藤利吉	台湾	9D　12D　50D　66D　71D　65IBS　66IBS 100IBS　103IBS　105IBS　120IBS　其他	投降部队集中地点由陈将军指定
附记	一、表列日军代表投降部队集中地点及投降部队番号系依据驻华日军最高指挥官冈村宁次将军八月廿九日及卅一日复文改订； 二、本表所列日军各投降部队集中地点得依情况由中国陆军总司令及各地受降主官临时酌量变更之； 三、日军各投降部队内集中地之开拔日期及行进路线由各地区受降主官规定之。				

附表三

中国陆军各地区受降主官姓名及日本官兵地区善后联络部及联络部长姓名表

受降主官姓名	日本官兵地区善后联络部	日本官兵地区善后联络部长姓名	备　考
第一方面军 卢司令官汉	越北地区日本官兵善后联络部	联络部长土桥勇逸	
第二方面军 张司令发奎	广州海南岛地区日本官兵善后联络部	联络部长田中久一	
第七战区 余长官汉谋	潮汕地区日本官兵善后联络部	联络部长田中久一兼	
第四方面军 王司令耀武	长衡地区日本官兵善后联络部	联络部长坂西一良	
第九战区 薛长官岳	南浔地区日本官兵善后联络部	联络部长笠原幸雄	
第三战区 顾长官祝同	杭州厦门地区日本官兵善后联络部	联络部长松井太久郎	
第三方面军 汤长官恩伯	京沪地区日本官兵善后联络部	联络部长十川次郎	
第六战区 孙长官蔚如	武汉地区日本官兵善后联络部	联络部长冈部直三郎	

续表

受降主官姓名	日本官兵地区善后联络部	日本官兵地区善后联络部长姓名	备考
第十战区 李长官品仙	徐海地区日本官兵善后联络部	联络部长十川次郎	
第十一战区 孙长官连仲	平津保地区日本官兵善后联络部	联络部长根本博	
第二战区 阎长官锡山	山西地区日本官兵善后联络部	联络部长澄田徕四郎	
第一战区 胡长官宗南	新汴地区日本官兵善后联络部	联络部长鹰森孝	
第五战区 刘长官峙	郾城地区日本官兵善后联络部	联络部长鹰森孝	
第十一战区 李副长官延年	青岛济南地区日本官兵善后联络部	联络部长细川忠康	
第十二战区 傅长官作义	包绥地区日本官兵善后联络部	联络部长根本博	
台湾行政长官 陈仪将军	台湾地区日本官兵善后联络部	联络部长安藤利吉	

附表四

中国战区日本陆军及海军陆战队缴械情形一览表
（卅五年二月十四日第三处受降组制）

战区方面军	受降		投降		缴械地点	开始缴械日期	缴械完毕日期	备考
	主官	部队	主官	部队				
第一方面军	司令官 卢汉	93A	38A 土桥勇逸	38A	河内	10.1	10.7	
		52A 93A		21D	海防 河内	10.5	10.10	主力在河内缴械 一部在海防缴械
		60A		$\frac{1}{3}$22D	顺化	10.10	10.26	主力在第一战区新乡缴械
		62A		34BS	土伦	10.10	10.26	
第二方面军	司令官 张发奎	175D　46A	3A 田中久一	雷州支部	雷州	9.26	9.29	
		131D　159D　64A		130D	顺德	10.14	10.17	
		N38D　50D　N1A		23A　23BS 13IBS　8IBS	广州	9.22	10.11	
		N301　N1A		129D	东莞	9.22	10.20	
		46A（欠 175D）		海南警备队	海南岛	10.5	12.7	

续表

战区方面军	受降		投降		缴械地点	开始缴械日期	缴械完毕日期	备考
	主官	部队	主官	部队				
第七战区	司令长官 余汉谋	186D	23A 田中久一	潮汕支队	汕头	9.25	10.1	
		154D		104D	惠州	10.1	11.12	
第四方面军	司令官 王耀武	118D 18A	20A 坂西一良	20A　2KS	长沙	9.18	9.22	
		74A （欠 57D）		68D	衡阳	9.20	9.22	
		11D　18D		64D	湘阴		9.24	
		73A　193D （欠 15D）		81BS	株洲	9.14	9.24	
		193D 73A		82BS	新墙	9.23	9.25	
		18D　18A		116D 17BS	岳阳	9.22	9.25	
第九战区	司令长官 薛岳	99A	11A 笠原幸雄	7IBS	吴城		9.15	
		58A		84BS	彭泽		9.26	
		58A		13D	湖口		10.9	
		58A		11A　58D	九江		10.16	
		58A		22BS	武穴		10.19	
		58A		87BS	都昌		10.19	

续表

战区方面军	受降		投降		缴械地点	开始缴械日期	缴械完毕日期	备考
	主官	部队	主官	部队				
第三战区	司令长官 顾祝同	49A	13A 松井太久郎	133D	杭州	9.16	9.25	
		49A		91BS	杭州	9.23	9.25	
		28A		62BS	松江		10.14	
				陆军美浓部队 海军厦门特别根据地队	厦门		11.11	
第三方面军	司令官 汤恩伯	74A	6A 十川次郎	34D	浦镇		11.16	
		N6A 74A		6A 161D 13FD	南京		9.26	空军第十三师团由空军第一路司令张廷孟接收
		57D 74A		3D	镇江		11.19	主力在镇江缴械 一部在丹阳缴械
		5D 94A		60D	苏州	10.1	9.5	
		51D 74A		40D	芜湖	11.21	11.27	
		43D 94A	13A 松井太久郎	13A 61D 89BS	上海	9.20	10.10	
		94A		海军陆战队	浦东	9.14	9.30	
		94A		海军特别根据地队	浦东	9.14	9.30	

续表

战区方面军	受降		投降		缴械地点	开始缴械日期	缴械完毕日期	备考
	主官	部队	主官	部队				
第三方面军	司令官 汤恩伯	94A	13A 松井太久郎	海军陆上人员	杨树浦	9.14	9.30	
		94A		空军地上人员	杨树浦	9.14	9.30	
		94A		69D	嘉定　昆山 太仓	10.1	10.5	
		94A		27D	无锡 常州	12.4	12.18	主力在无锡缴械 一部在常州缴械
		100A 91D　71A		90BS	镇江	46年 1.14	46年 1.16	
第六战区	司令长官 孙蔚如	66A	6HA 冈部直三郎	6HA扬子江方面 特别根据地队	汉口	10.8	10.14	
		142D 92A		88BS	金口	10.5	10.10	
		199D 66A		86BS	嘉鱼	10.5	10.10	
		56D　66A		12IBS	咸宁	9.30	10.5	
		75A		85BS	应城	9.25	10.6	
		16D　75A		132D	天门 岳口	9.30	10.10	主力在天门缴械 一部在岳口缴械

续表

战区方面军	受降		投降		缴械地点	开始缴械日期	缴械完毕日期	备考
	主官	部队	主官	部队				
第六战区	司令长官 孙蔚如	77A	6HA 冈部直三郎	11IBS	孝感	9.25	10.6	
		6D　75A		83IBS	黄陂	10.1	10.6	
		6D　75A		5IBS	仙桃	9.25	10.6	
第十战区	司令长官 李品仙	97A	6A 十川次郎	65D（欠72B）	徐州	9.20	10.5	
		98A		72B	海州	46 年 1.14	46 年 1.20	
		7A		70D	蚌埠 固镇	9.28	10.10	主力在蚌埠缴械 一部在固镇缴械
		7A		1KS	滁州	9.28	10.10	
		176D 48A		131D	安庆 大通	11.17	11.17	主力在安庆缴械 一部在大通缴械
		176D 48A		6IBS	安庆 大通	11.17	12.7	同上
第十一战区	司令长官 孙连仲	92A	北 HA 根本博	华北方面军军部	北平	11.5	12.17	
		92A		蒙疆军部		11.11	46 年 1.7	

续表

战区方面军	受降		投降		缴械地点	开始缴械日期	缴械完毕日期	备考
	主官	部队	主官	部队				
第十一战区	司令长官孙连仲	92A	北HA根本博	3TKD	北平	11.5	12.17	
		92A		8BS（四大队）	石匣镇		12.17	
		92A		2BS（六大队）	沙河镇		12.17	
		92A		3KS（六大队）	马驹桥		12.17	
		94A		华特警十一大队	塘沽		46年 1.17	
		94A		118D主力七大队	天津 大同		46年 1.17	主力在天津缴械 一部在大同缴械
		34AG		7KS（五大队）	保定		46年 1.14	
		3A		2IBS（四大队）	石门		46年 1.16	
		94A		9BS（五大队）	沧县		46年 1.17	
		3A		1BS（五大队）	定县		46年 1.16	
	副司令长官李延年	8A	43A 田川中康	5BS（四大队）青岛特别根据地队	青岛	卅五年 1.14	卅五年 1.16	
		12A 96A		43A 9KS（五大队）	济南	11.29	卅五年 1.13	

续表

战区方面军	受降		投降		缴械地点	开始缴械日期	缴械完毕日期	备考
	主官	部队	主官	部队				
第十一战区	副司令长官 李延年	8A	43A 田川中康	1IBS （五大队）	张店	卅五年 1.13	卅五年 1.30	
		8A		12KS （七大队）	坊子	卅五年 1.14	卅五年 1.15	
		12A 96A		47D （八大队）	泰安	卅五年 1.14	卅五年 1.30	
		12A 96A		11KS	兖州	卅五年 1.13	卅五年 1.30	
		8A		辅助部队	青岛	11.20	11.28	
第一战区	司令长官 胡宗南	38A 90A	12A 鹰森孝	110D	洛阳 开封	10.2	10.28	110 师原驻洛阳、开封各一旅团
		40A		6KS　22D	新乡	10.2	10.28	
		85A　78D		12A　10KS	郑州	10.2	10.10	
第二战区	司令长官 阎锡山	7AG	1A 澄田徕四郎	1A 10IBS	太原	9.11	10.10	
		7AG		3BS	崞县	9.11	46 年 2.13	因受匪阻挠不能集中延误
		7AG		4KS 一部 118D	大同	9.11	10.10	
		7AG		5KS	汤原	9.11	10.10	

续表

战区方面军	受降		投降		缴械地点	开始缴械日期	缴械完毕日期	备考
	主官	部队	主官	部队				
第二战区	司令长官 阎锡山	7AG	1A 澄田徕四郎	140D	平遥	9.11	46 年 2.13	因受匪阻挠不能集中延误
		7AG		14IBS	沁县	9.11	46 年 2.13	同上
第五战区	司令长官 刘峙	47A	12A 鹰森孝	92BS 13KS	许昌	9.20	9.30	
		55A		115D 14KS	郾城	9.20	9.30	
		68A		4KB	商丘	12.27	46 年 1.14	
第十二战区	司令长官 傅作义		蒙 A 根本博	21KS 24KS	包头	9.26	10.2	
台湾地区	台湾长官 陈仪	70A	10HA 安藤利吉		台北市	11.5	11.7	
		107D　70A		9D	新竹	11.5	11.15	
		75D　70A		112BS	苏澳	11.22	12.10	
		75D 70A		102BS	花莲港	12.5	46 年 1.30	
		157D 62A		75BS	丰原	12.11	46 年 1.30	

续表

战区方面军	受降		投降		缴械地点	开始缴械日期	缴械完毕日期	备考
	主官	部队	主官	部队				
台湾地区	台湾长官 陈仪	空军第二十二地区司令	10HA 安藤利吉	8FD	台中	11.1	46 年 1.30	
		75D　70A		103BS	嘉义	11.22	12.5	
		107D　70A		76BS	善化	11.22	12.4	
		95D　62A		12D	台南	12.1	12.15	
		95D　62A		100BS	高雄	12.16	46 年 1.13	
		151D　62A		50D	潮州	12.10	12.20	
		75D　70A		66D	台东	11.22	12.2	
		海军第二舰队		澎湖守备队	澎湖岛	11.15	46 年 1.13	
合计	部别				总数			
	方面军				三			
	军团				十			
	师团				三六			
	独立旅团				四一			
	独立警（守）备队及支队				二〇			
	特种兵队				六			
	1. 本表系根据各受降主官呈报及参考日总联络部报告而调制者； 2. 本表所称“特种兵队”系指海军某某特别根据地队及海军陆战队而言； 3. 凡各栏所记师旅团之“一部”（或师内旅团）均并入原部建制单位内计算。							